Uni-Taschenbücher 1084

UTB

Eine Arbeitsgemeinschaft der Verlage

Birkhäuser Verlag Basel und Stuttgart
Wilhelm Fink Verlag München
Gustav Fischer Verlag Stuttgart
Francke Verlag München
Harper & Row New York
Paul Haupt Verlag Bern und Stuttgart
Dr. Alfred Hüthig Verlag Heidelberg
Leske Verlag + Budrich GmbH Opladen
J. C. B. Mohr (Paul Siebeck) Tübingen
C. F. Müller Juristischer Verlag – R. v. Decker's Verlag Heidelberg
Quelle & Meyer Heidelberg
Ernst Reinhardt Verlag München und Basel
K. G. Saur München · New York · London · Paris
F. K. Schattauer Verlag Stuttgart · New York
Ferdinand Schöningh Verlag Paderborn · München · Wien · Zürich
Eugen Ulmer Verlag Stuttgart
Vandenhoeck & Ruprecht in Göttingen und Zürich

UTB

Günter Graf

Literaturkritik und ihre Didaktik

Modellanalysen zur Wertungspraxis

Francke Verlag München

Günter Graf studierte Germanistik, Romanistik, Philosophie und Leibeserziehung an den Universitäten Tübingen, Marburg und Saarbrücken und promovierte mit einer Arbeit über Robert Musils Roman «Der Mann ohne Eigenschaften». Er lehrt «Didaktik der deutschen Sprache und Literatur» am Stuttgarter Seminar für Erziehung und Didaktik. Er ist Mitarbeiter an Schulbüchern und hat Veröffentlichungen vorgelegt zur Literaturwissenschaft und Literaturdidaktik: u. a. zu Heinrich von Kleist, zur Trivialliteratur-Forschung und Trivialliteratur-Didaktik, zur Aufsatzdidaktik, zu Methodenfragen der Textanalyse.

ISBN 3-7720-1299-X

Einbandgestaltung: A. Krugmann, Stuttgart
Gesamtherstellung: Friedrich Pustet, Regensburg

Inhalt

1. Einleitung

Literaturkritik sollte schon allein deshalb zum Gegenstand didaktischer Reflexion und damit unterrichtlicher Behandlung avancieren, weil der Schüler als Leser dem Phänomen ständig auf dem literarischen Markt begegnet und ihm vielleicht nicht selten hilflos ausgeliefert ist. Wenn Lernziele wie ‹kritisches Lesen› oder ‹Befähigung zur kritischen Teilnahme am literarischen Leben› nicht bloße Leerformeln bleiben sollen, dann drängt sich eine Beschäftigung mit Literaturkritik geradezu auf. Zugleich eröffnet sich dem Schüler aufgrund seiner Auseinandersetzung mit literaturkritischen Beiträgen ein Stück Wertungs-, Wirkungs- und Rezeptionsgeschichte von Literatur, was ihn zu einem differenzierteren Umgang mit derselben befähigen und sein Verständnis vertiefen könnte. Gleichzeitig lernt er dabei die hermeneutischen Voraussetzungen seiner eigenen Verstehens- und Wertungsposition zu reflektieren und zu durchschauen. Damit ist die Basis erstellt für eine Erweiterung seiner Wertungskompetenz.

Den zahlreichen, beinahe unzähligen Arbeiten in Vergangenheit sowie Gegenwart zur «wissenschaftlichen» Theorie der literarischen Wertung und zu ihrer Verlängerung ebenfalls zum Problemkreis ‹Trivialliteratur›[1], womit Literaturkritik auch verflochten ist, soll hier keine neue hinzugefügt werden. Dies geht allerdings keineswegs einher mit einem Verzicht auf jegliche theoretische Disposition. Ebensowenig soll hier eine neue didaktische Theorie der Literaturkritik sowie der literarischen Wertung[2] entworfen werden. Die vorliegende Untersuchung legt vielmehr, auch aus Gründen ihres unterrichtspraktischen Bezugs, bewußt den Schwerpunkt auf konkrete modellhafte Analysen zur Wertungspraxis.[3] Dabei wird versucht, abzuheben auf eine kritische Beschreibung der hermeneutischen Implikationen von Wertungsaussagen, d. h. vor allem ihrer subjektiven sowie historisch-gesellschaftlichen Bedingtheit, wodurch zugleich verwiesen werden soll auf die Problematik und d. h. auf die notwendige Relativierung der jeglicher Wertung bzw. Kritik immanenten Maßstäbe, auch der eigenen.[4]

Was die Auswahl der vorgestellten literarischen Primärtexte und literaturkritischen Sekundärtexte betrifft, so unterliegt sie keiner dezidierten wissenschaftlichen noch didaktischen Systematik. Leitende Gesichtspunkte sind lediglich, hinsichtlich des wissenschaftlichen Anteils dieser Arbeit, die Kontroverse zwischen traditioneller und neuerer Wertungsästhetik sowie der Pluralismus unterschiedlichster Wertungspositionen sowohl in journalistischer als auch akademischer Literaturkritik; und, hinsichtlich des didaktischen Anteils, die Berücksichtigung älterer und neuerer Literatur sowie des unterrichtspraktischen Aspekts der besonderen analytischen Griffigkeit der literaturkritischen Texte. Innerhalb der Einzelanalysen selbst sind dann allerdings insofern systematische Aspekte verwirklicht, als der Verfasser sich methodologisch festmacht an dem von Norbert Mecklenburg entwickelten allgemeinen Theorieansatz einer «wissenschaftlichen» Literaturkritik, die zwischen traditioneller und progressiver Wertungstheorie in der Weise vermittelt, als ‹immanente› und ‹soziologische› (= historische) Kritik verschränkt werden.[5] Besondere Bedeutung mißt Mecklenburg dabei dem ideologiekritischen Wertungsaspekt zu: «Für eine Literaturkritik, der es um den geschichtlichen Wahrheitsgehalt eines Textes geht, ohne daß sie dessen ästhetische Differenz, die Spannung von Autonomie und Wirklichkeitsbezug zu überspringen gedächte, wird die Frage nach dem Verhältnis von Dichtung und Ideologie akut»[6]. Literaturkritik als Ideologiekritik müßte demnach auf die Frage abheben, ob der poetische Text den «geschichtlichen Wahrheitsgehalt» ästhetisch überzeugend, d. h. auch für den Rezipienten einsichtig, vermittelt. Daß dies möglicherweise einhergeht mit einer ‹Kritik der Literaturkritik›[7], ist leicht einzusehen.

Für die folgenden Einzelanalysen gilt bewußt nicht der mögliche Grundsatz einer säuberlichen Trennung von akademischer und journalistischer Kritik, etwa im Hinblick auf eine prinzipielle Differenz ihres Kriterienmaterials. Zum einen lassen sich ohnehin im aktuellen publizistischen Geschäft der Literaturkritik keine scharfen Grenzlinien ziehen: akademische Kritiker schreiben immer auch Kritiken in der Presse (s. z. B. Hans Mayer und Walter Jens in der «Zeit» sowie im «Spiegel»), und journalistische Kritiker publizieren literaturkritische Studien mit mehr oder weniger «wissenschaftlichem» Anspruch (s. z. B. Günter Blöcker «Die neuen Wirklichkeiten» und Marcel Reich-Ranicki «Deutsche Literatur in Ost und West»). Zum andern ist es noch sehr die Frage, ob die Wertungskriterien derart divergieren, daß man etwa hinsichtlich der akademischen Kritik von größerer Stringenz sowie Plausibilität im Vergleich zur journalistischen sprechen könnte (s. z. B. die Kritiken Ranickis, Jens' und Kreuzers zu Gaisers «Schlußball»). So läßt sich auch das hier und da geäußerte Unbehagen an dem typisch deutschen Konstrukt einer säuberlichen Grenzziehung zwischen akademischer und journalistischer Kritik begreifen[8].

2. Literaturwissenschaftliche Grundlegung

Literaturkritik oder literarische Kritik, verflochten mit dem engeren Begriff der literarischen Wertung, ist so alt wie das Bestehen von Literatur überhaupt. Dabei werden Werturteile unterschiedlichster Art gefällt, und zwar von all jenen, die etwas mit Literatur zu tun haben, und d. h. von Autoren sowie Lesern. Man denke z. B. an die Kritik Gottfrieds von Straßburg an Wolfram von Eschenbach, den er hinsichtlich des Parzival als ‹vindaere wilder maere› abqualifizierte. Man denke ferner an Schillers Rezension von Goethes Egmont, dessen Schluß er einen ‹Saltomortale in eine Opernwelt› nannte. Man denke schließlich, um die Linie exemplarisch bis ins 20. Jahrhundert zu verfolgen, an die ästhetischen Verdikte Karlheinz Deschners über Jünger, Bergengruen, Hesse u. a. in der literarischen Streitschrift «Kitsch, Konvention und Kunst». Die genannten Beispiele könnten endlos verlängert werden bis hin zu Rezensionen in Tages- sowie Wochenzeitungen und Rundfunk sowie Fernsehen. Sie mögen ausreichen, um deutlich zu machen, daß im Rezeptionsprozeß von Dichtung immer schon Kritik oder Wertung angelegt ist. Dies ist ein Faktum, das aus noch zu erörternden wissenschaftsgeschichtlichen sowie didaktischen Gründen nicht übersehen werden sollte.

Wie wird Literaturkritik definiert? Aufschlußreich ist, wenn man Definitionen aus verschiedenen Zeiten und Verfasserperspektiven miteinander vergleicht. Im Reallexikon der deutschen Literaturgeschichte heißt es 1959: «Literarische Kritik entspringt einem unmittelbaren Reagieren auf literarische Reize. Mit der besonderen Empfindlichkeit des Kritikers gegenüber dem Literaturwerk verbindet sich die Tendenz zu Urteil und Wertung und damit auch zur Einflußnahme auf das Publikum. Literaturkritik grenzt somit ohne scharfe Übergänge an Literaturästhetik, Poetik und Literaturgeschichte. Sie unterscheidet sich von diesen Disziplinen darin, daß sie ihren Gegenstand nicht so sehr mit der wissenschaftlichen Distanz des Systematikers . . . betrachtet, sondern sich seiner Wirkung unmittelbar hingibt . . .».[1] Wolfgang Kayser notiert im Kleinen literarischen Lexikon 1961: «Literarische Kritik: Ihr Sinn ist Mittlertätigkeit zwischen dem lit. Werk u.

dem Aufnehmenden. Sie hat Rechenschaft über den künstlerischen und menschlichen Wert eines Werkes zu geben. Sie ist also doppelgerichtet: sie dient der Kunst, indem sie sie bekannt macht und damit den Boden für ihre Wirksamkeit, also für ihr wirkliches Leben bereitet. Sie dient dem Leben, indem sie den Menschen zu Quellen führt, aus denen er wesentliche Erlebnisse gewinnen kann, die also sein tiefstes Leben zu fördern und zu führen vermögen.»[2] Daß man zum einen die Literaturkritik vornehmlich dem Bereich der Publizistik zuschlug (Reallexikon) und ihr zum anderen neben der ästhetischen eine anthropologisch-individualethische Funktion zuschrieb (Kayser), geschah in den fünfziger und beginnenden sechziger Jahren, wissenschaftsgeschichtlich völlig verständlich – die dominierende werkimmanente Methode war ja weitgehend ahistorisch sowie asoziologisch und d. h. normativ-ästhetisch orientiert –, aus Gründen eines zu geringen Reflexionsstandes hinsichtlich der Wertungsproblematik. 1972 kann dann Norbert Mecklenburg formulieren: «Literaturkritik weiß sich in einer konkreten historischen Situation stehend . . . Unter Literaturkritik verstehen wir hier ein literaturwissenschaftliches Verfahren, das auf kritisches Verstehen poetischer Texte zielt . . . Die Methode der Literaturkritik ist wissenschaftliche Interpretation.»[3]

Was nun den Aspekt der Wertungsproblematik innerhalb der Entwicklung der Literaturwissenschaft betrifft, so ist er seit ca. einem Jahrzehnt eingelagert in die z. T. auch ideologisch geführte Kontroverse zwischen konservativer und progressiver Literaturwissenschaft. Dabei fällt auf, daß auf dem Hintergrund der kritischen Abrechnung der progressiven Literaturwissenschaft mit den Wertungskategorien der werkimmanenten Schule z. T. radikal die Unsinnigkeit ästhetischer Wertung proklamiert wird, wobei man abzielt auf die Problematik der konservativen Dichotomie, d. h. der qualitativen Differenz von hoher und trivialer Literatur.

Förderlich der Argumentation dieser neueren literaturwissenschaftlichen Auffassung waren die allgemeine Kommunikations- sowie besondere Rezeptionstheorie Hans Robert Jauß'[4] und die vornehmlich sozialtheoretisch orientierte Kunstauffassung der Frankfurter Schule[5]. Fiktionale Literatur wird nun betont in ihrem Dialog-, d. h. leserbezogenen Mitteilungs- und ‹ideologischen› Informationscharakter gesehen. Die ästhetische Dimension ist zweitrangig und gilt als ausschließlich historisch-gesellschaftlich vermittelt. Auf diese Weise können dann selbstverständlich hohe und triviale Literatur eng zusammenrücken, und eine ästhetisch wertende Abgrenzung scheint so gesehen unsinnig. Genau dieser literaturtheoretische Ansatz aber und die daraus z. T. gezogene radikale These von der Unsinnigkeit der Dichotomie[6] laufen ihrerseits Gefahr – ähnlich wie die Werkimmanenz und ihr Postulat der Autonomie des Kunstwerks –, die kommunikative sowie historisch-gesellschaftliche Dimension von Literatur zu verabsolutieren, indem sie immanente oder eigengesetzliche ästhetische Attribute, auf die der Leser auch wertend reagiert, eliminieren.

Literarische Kritik als ästhetische Wertung ist aber ebenso wie Ideologiekritik ein unvermeidliches Phänomen, das sich im praktischen Umgang, d. h. im Lese- oder Rezeptionsprozeß von Dichtung, notwendig einstellt, da es ein elementares Bedürfnis sowohl des naiven Lesers als auch des kritischen Interpreten ist, mit der Literatur, die er konsumiert bzw. deutet, wertend umzugehen. Letztlich lebt Kunst auch von ihrer ästhetischen Bewertung. Und jede Kunst- sowie Literaturgeschichte ist begleitet von dem Spannungsverhältnis zwischen Kunst und Dilettantismus. Die Literaturwissenschaft sollte sich somit offen zum Phänomen der Wertung bekennen, allerdings im Bewußtsein ihrer wissenschaftlichen Problematik und d. h. auch methodologischen Schwierigkeit (Problem der Objektivierbarkeit sowie Beweiskräftigkeit, Beteiligung von Subjektivität und Geschmack, Vorurteilsstruktur sowie Geschichtlichkeit). Deshalb müssen Werturteile über Literatur jedoch nicht schlechthin willkürlich sein. Norbert Mecklenburg und Friedrich Nemec verweisen auf mögliche Kontrollinstanzen wie «intersubjektive Plausibilität»[7] bzw. «Theorie der Intersubjektivität»[8].

Zum Aufweis der Dichotomie hatte die traditionelle immanente Wertungsästhetik allerdings z. T. fragwürdige Kategorien entwikkelt (s. z. B. Walther Killy: Kumulation, Lyrisierung, Repetition, Verlogenheit, Irrealität[9]; und Walter Müller-Seidel: das Öffentliche, Höhere, Wahre, Ganze, Menschliche[10]). Die genannten Wertungskriterien dürfen selbstverständlich nicht mehr unproblematisiert übernommen werden, denn Kumulation und Lyrisierung beispielsweise stellen ebenfalls Elemente hoher Literatur dar und das Wahre sowie Menschliche müssen als normativ moralisch-existentielle und zudem polyseme Wertungskategorien begriffen werden. Genau an dieser Stelle setzt nun die z. T. berechtigte Kritik der progressiven Literaturwissenschaft an, indem sie gegen die traditionelle Wertungsästhetik folgende Vorwürfe formuliert: 1. sie verfahre normativ sowie metaphysisch statt deskriptiv, instrumental sowie funktional[11]; 2. sie erachte die Wertungskriterien als überzeitlich gültig, d. h. orientiere sich nicht am historisch-gesellschaftlichen Kontext[12]; 3. so erkläre sich letztlich auch ihre Abstinenz von jeglicher Ideologiekritik[13]. Auf der Basis dieser Kritik formuliert nun Norbert Mecklenburg seinen gemäßigten Ansatz einer neuen Theorie der Literaturkritik und Wertung, ohne dabei einerseits sich der radikalen These von der Unsinnigkeit des dichotomischen Denkschemas anzuschließen und andererseits in eine naive Wissenschaftsgläubigkeit von Kritik und Wertung zu verfallen:[14] 1. die Literaturkritik sei ergänzungsbedürftig durch Ideologiekritik; 2. Wertungskriterien müsse man aus dem Text sowie seiner Intentionalität, aus seinem geschichtlichen Zusammenhang und aus dem Standort sowie Horizont des Interpreten gewinnen.[15] Damit verschränkt Mecklenburg Wertungspositionen traditioneller und neuerer Literaturwissenschaft, indem er zwischen immanenter und soziologischer Kritik vermittelt, d. h. eine neue Form ‹dialektischer Literaturkritik› begründet. Genau dieser wissenschaftliche Theorieansatz dient den folgenden Modellanalysen als methodologische Orientierungsbasis.[16]

3. Didaktische sowie curriculare Grundlegung

Es kann sich im heutigen Literaturunterricht, sofern er wertungsdidaktische Fragestellungen thematisiert, nicht mehr darum handeln – das verbietet der wohl weitgehend auf Konsens beruhende wissenschaftliche Erkenntnisstand der letzten Jahre –, den normativ fixierten und absolut sowie überzeitlich gültigen «Wert» eines Literaturwerkes zu konstatieren. Vielmehr sollten am Gegenstand Literatur Verfahrensweisen von Wertung eingeübt werden[1], deren Resultate zugleich als vorläufig und relativ[2] bewußt zu machen sind. Die Vermittlung des Lernziels der «Kritikfähigkeit» impliziert damit als vornehmstes inhaltliches Element die Infragestellung auch des eigenen Standpunktes, und d. h. zugleich die Respektierung eines anderen, was nicht heißt, daß die eigene Wertungsposition nicht artikuliert und erörternd vertreten werden darf. In diesem Zusammenhang fällt dem Literaturunterricht eine neue didaktische Funktion zu, insofern Literaturbehandlung in der Weise instrumentalisiert wird, als mit ihrer Hilfe individuelles sowie gesellschaftliches «Verhaltenstraining»[3] eingeübt wird. So brisant sich zunächst auch diese neue Funktionsbestimmung ausnimmt und so angemessen sie auch hinsichtlich eines handlungstheoretisch orientierten Literaturunterrichts ist, so sollten doch mögliche Bedenken und Einwände mitreflektiert werden. Eine allzu rasche sowie rigide Gleichschaltung von Literatur und gesellschaftlicher Wirklichkeit, wie sie z. T. in der von der sozialwissenschaftlichen Kunst- sowie Literaturtheorie beeinflußten Handlungstheorie des Literaturunterrichts[4] zugrunde gelegt ist, verstellt den Blick für mögliche fiktionale Eigengesetzlichkeit und damit für Analyse- und Wertungsansprüche, die Literatur als Kunst auch aus sich heraus stellen kann. Insofern scheint es zu kurzgeschaltet zu sein, wenn neuere wertungsdidaktische Konzepte ausschließlich konkrete Wertungskriterien aus dem «Bezug zur gesellschaftlichen Praxis»[5] gewinnen wollen und Wertungsverfahren als das «Einüben gesellschaftlicher Funktionen»[6] bzw. als das Durchsetzen «lebenspraktischer sowie gesamtgesellschaftlicher Interessen»[7] begreifen. In der Ausschließlichkeit dieses wertungsdidaktischen Theorems wird zum einen der Theorieansatz Mecklenburgs übersprungen, daß nämlich Kriterien auch unmittelbar aus dem poetischen Text und seiner Intentionalität zu gewinnen seien, womit auf die Dimension der «immanenten Kritik» verwiesen ist, und zum andern werden stillschweigend die Bemühungen um Textsortendifferenzierung aus kommunikations-, rezeptions- und zeichentheoretischer Sicht ignoriert. Wenn Literaturbehandlung nur noch Medium sowie Prüfstand für «gesellschaftliches Verhaltenstraining» darstellt, dann ist damit indirekt die Gleichschaltung poetischer und expositorischer bzw. pragmatischer Texte signalisiert, insofern texttheoretisch vorausgesetzt ist, daß der Umgang mit poetischer Literatur sich in gleicher Weise wie der mit Gebrauchsliteratur für vordergründig zweckorientierte gesellschaftliche Handlungsanweisung eignet. Dabei könnte ein mögliches Wirkungspotential von Literatur eliminiert werden, das in dem bloßen didaktischen Utilitarismus des «Verhaltenstrainings» nicht aufgeht. Trotz der geäußerten Teilbedenken stellt grundsätzlich die handlungstheoretische Wendung des Literaturunterrichts gegenüber der traditionellen und d. h. vornehmlich ästhetisch-gattungstheoretisch orientierten einen pädagogischen Gewinn dar, insofern die Interessen- sowie Bedürfnisstruktur und -situation des Schülers als eines individuellen sowie gesellschaftlichen Wesens forciert mitreflektiert und berücksichtigt wird hinsichtlich von Stoff- und Methodenwahl.

Dies hat erfreulicherweise bereits seinen Niederschlag in den Lehrplänen der Länder gefunden. Das wertungsdidaktische Postulat des ‹subjektiven Umgangs mit Literatur bei gleichzeitiger Relativierung des eigenen Werturteils und Respektierung anderer Kritiken› wird beispielsweise in den Curricula Bayerns, Nordrhein-Westfalens, Rheinland-Pfalz' und Baden-Württembergs so gefaßt: da Werturteile «mehr oder weniger» subjektiv sind und Wertung mit Kritik identisch ist, gilt als Richtziel 3 des Leistungskurses 2. Semester «literarische Wertung» und die «Fähigkeit, sich über ein literarisches Werk oder eine Aufführung . . . kritisch zu äußern»[8]; «Der Schüler lernt, daß im Bereich des literarischen Lebens Werturteile wechseln. Er lernt einige Gründe für den Wandel im literarischen Urteil kennen»[9]; «Befähigung zur literarischen Wertung bei Einsicht in die historisch gesellschaftliche Abhängigkeit jeder literarischen Wertung»;[10] «Voraussetzungen des eigenen Verstehens und Wertens literarischer Werke prüfen».[11]

Es sei erlaubt, sich exemplarisch einmal etwas genauer an Ziel- und

Inhaltsbestimmungen eines Lehrplans festzumachen. Der Verfasser wählt aus Gründen eigener Erfahrung den Lehrplan Baden-Württembergs. Eine mögliche Unterrichtssequenz «Literaturkritik» ist anzusiedeln im Arbeitsbereich «Umgang mit Literatur», und zwar die Ausführungen zum Grund- sowie Leistungskurs betreffend, da Ziel-, Inhalts- und Hinweisbestimmungen für beide Kurse miteinander verschränkt sind (s. 2.1ff und 2.2ff). Insbesondere wird aber der Leistungskurs sich eignen, da in ihm zum einen die intensivere Anwendung wissenschaftlich begründeter Methoden sowie Erkenntnisse ermöglicht ist und zum andern eine intensivere Schulung des Problembewußtseins sowie der Kritikfähigkeit vorgenommen werden kann; dies selbstverständlich nur in einem wissenschaftlich propädeutischen Sinne, denn die Funktion des Leistungskurses darf nicht darin gesehen werden, es Hochschulseminaren gleichzutun. Eine Unterrichtssequenz zur Literaturkritik könnte in besonderer Weise helfen, die genannten allgemeinen Lernzielbestimmungen in den Curricula der Länder zu erfüllen, insofern der Schüler, auf der Basis der Auseinandersetzung mit literaturkritischen Äußerungen, vertiefter an methodologische sowie theoretische Fragestellungen hinsichtlich des Wertungsproblems herangeführt werden kann, als dies durch den unmittelbaren Umgang mit Literatur geschieht. Wenn nach Mecklenburgs theoretischer Begründung einer hermeneutischen Literaturkritik Wertungskriterien auch gewonnen werden aus dem «Standort sowie Horizont des Interpreten», dann liegt es didaktisch nahe, daß den Schülern bei ihrer Auseinandersetzung mit literaturkritischen Beiträgen und mit deren impliziten Wertungskriterien zugleich auch ihre Wertungsposition erfahrbar sowie bewußt gemacht werden kann und sie somit die «Voraussetzungen ihres eigenen Verstehens und Wertens» durchschauen lernen. Da aufgrund dieser kritischen Selbstreflexion sich das Methoden- und Problembewußtsein schärft, wird auch ein tieferes Literaturverständnis ermöglicht, indem nämlich, didaktisch-methodisch gesehen, die Primärrezeption oder Interpretation des literarischen Werkes der Diskussion der literaturkritischen Beiträge als Sekundärrezeption des Werkes notwendig vorausgehen muß. In dem Vergleichsverfahren von Primär- und Sekundärrezeption müßte sich dann der notwendige Distanzierungsvorgang vom eigenen Interpretations- und Wertungsverhalten ereignen. Genau dadurch könnten weitere Inhaltsbestimmungen des Lehrplans abgedeckt werden, die dem Ziel

«Prüfen und Erfassen der Voraussetzungen des Verstehens und Wertens literarischer Werke» unmittelbar zugeordnet sind, nämlich: «Das historisch bestimmte Verhältnis zwischen Autor, Werk und Leser» sowie «Zusammenhang zwischen privater und öffentlicher Rezeption» (2.2.5). Wenn allerdings unterrichtspraktisch die Erkenntnis der historischen Bedingtheit von Interpretation sowie Wertung und d. h. zugleich die Erkenntnis der Konvergenz bzw. Divergenz zwischen der eigenen und der öffentlich = literaturkritischen Rezeption erzielt werden soll, dann müßte den Schülern innerhalb der Primärrezeption methodisch die Möglichkeit der eigenen Wertung des literarischen Werkes eingeräumt werden, was durchaus zu kontroversen Ergebnissen führen könnte. In diesem Zusammenhang wäre dann der inhaltliche Vorschlag des Lehrplans berücksichtigt, «eigene Versuche kritischer Stellungnahme in Diskussionen und schriftlichen Äußerungen» (2.1.5) zu unternehmen. Ferner müßte man, bereits im planenden Blick auf das Wertungsspektrum der ausgewählten literaturkritischen Beiträge, das gemeinsame Interpretationsverfahren innerhalb der Primärrezeption so strukturieren, daß zugleich die Wertungsobjekte der literarischen Kritik interpretativ miterfaßt werden. Da gemäß einer zentralen Forderung des Lehrplans die «Textuntersuchung Grundlage aller Unterrichtseinheiten» (2.2.1) sein soll, wären dann jene Ziel- und Inhaltsbestimmungen zugrunde zu legen, die sich mit allgemeinen Interpretations- bzw. Erschließungsaspekten literarischer Texte befassen (2.2.1, Ziele: «Literarische Werke unter verschiedenen Aspekten methodischer Betrachtung erschließen . . .»; Inhalte: «Thematik, sprachliche und formale Darstellungsmittel, Gesamtstruktur und Aussageabsicht in ihrem Zusammenhang»; ferner 2.2.2, Ziele: «Historische und soziale Zusammenhänge, in denen Literatur steht, untersuchen . . .»; Inhalte: «Untersuchung wichtiger historischer und sozialer Bedingungen der Werke, z. B. biographischer, sozialer und kultureller zu ihrer Zeit»). Was nun die Sekundärrezeption des literarischen Werkes betrifft, so steht im Zentrum ihres analytischen Vorgehens die Herauskonturierung der unterschiedlichen Wertungspositionen sowie -kriterien der ausgewählten literaturkritischen Beiträge. Dies kann wiederum nur bündig geschehen mittels eines nochmaligen interpetierenden Durchganges des Literaturwerkes anhand exemplarischer Textproben. Die dabei eingebrachten eigenen Wertungsvorschläge sollen artikuliert und zugleich erörtert werden, allerdings im Hinblick auf ihre Rückbindung an eine bestimmte, vorher vermittelte Wertungstheorie und ihr Instrumentarium (in unserem Fall an Mecklenburgs ‹Dialektische Literaturkritik›). Dies setzt voraus, daß ebenfalls traditionelle sowie progressive Wertungstheorien den Schülern zur Kenntnis gebracht wurden.

Was die Auswahl der literarischen Gegenstände für eine Unterrichtssequenz zur Literaturkritik angeht, so ist es didaktisch ratsam, Autoren und literarische Werke zu wählen, die evtl. an den «unteren Rändern» der hohen und an den «oberen» der trivialen Literatur anzusiedeln sind. An dieser nicht völlig eindeutig festlegbaren Grenzlinie scheiden sich nämlich die Geister. So erhält man hinsichtlich jener Literatur, die möglicherweise diesen Zwischenbereich repräsentiert, nicht selten ein höchst interessantes sowie vielfältiges und vor allem kontroverses Spektrum literaturkritischer Einschätzung. Jene Dichter und Werke, denen die Literaturkritik ihre ‹eindeutige› Zugehörigkeit zur hohen Literatur bescheinigt hat, sind so gesehen weniger reizvolle Gegenstände. Ferner ist es, zumindest für die Konzeption einer ersten Unterrichtssequenz zur Literaturkritik, didaktisch empfehlenswert, einen Autor der jüngeren Vergangenheit zu wählen, da einerseits ein gewisser historischer Abstand schon besteht, der die kritische Auseinandersetzung mit dem Werk und seiner Rezeption erleichtert, und da andererseits, aufgrund des direkt oder indirekt herrschenden Aktualitätsbezugs, die ideologiekritischen Wertungsaussagen eher einsichtig gemacht werden können. Dies gilt in besonderer Weise für die Beispiele Ernst Wiechert und Gerd Gaiser, aber auch für das Beispiel Theaterkritik einer Inszenierung «Kabale und Liebe», da beide, Kritik sowie Inszenierung, ganz bestimmten Aktualitäts- sowie Modernitätsansprüchen unterworfen sind.

4. Modellanalysen

Gemäß der Intention dieser Arbeit geht es vor allem darum, konkretes Analyseverfahren an ausgewählten Beispielen der Wertungspraxis exemplarisch und modellhaft vorzuführen. Dabei stehen im Zentrum des analytischen Interesses die literaturkritischen Texte und ihr Kriterienmaterial, womit zugleich eine Interpretation des den Kritiken zugrunde gelegten literarischen Werkes einhergeht. Methodologisch gesehen wird dabei der textimmanente Analyseansatz ständig transzendiert zugunsten textexterner Aspekte oder kontextueller Bedingungsfaktoren wie Entstehungs-, Biographie-, Sozial-, Ideen- sowie Geistes- und Rezeptionsgeschichte, wodurch verwiesen ist auf die Mehrdimensionalität literarischer Kommunikation. Genau in diesem Nexus wird dann auch die Berücksichtigung der Mecklenburgschen Theorie einer ‹dialektischen Literaturkritik› oder kritischen Interpretation relevant, insofern Wertungsmaßstäbe immer auch bedingt sind durch textexterne Konstituenten.

Den jeweiligen Analysevorschlägen folgen dann didaktisch-methodische Anmerkungen, die vor allem abheben wollen auf mögliche unterrichtspraktische Behandlungsaspekte wie Ziel- und Inhaltsvorstellungen, Texterschließungsfragen, Materialangaben, methodische Anlage von Sequenzen, Unterrichtsformen. Grundsätzlich sind diese Hinweise gedacht als ‹offene› Vorschläge, die jederzeit auch anders verwendet werden können.

4.1 Friedrich Schillers «Kabale und Liebe» im Spiegel einer Theaterkritik

Die Theaterkritik ist hier vor allem auch aus Gründen ihrer mediendidaktischen Bedeutung vertreten. Als eine Form der Kunstkritik, neben der Musik- und Filmkritik, ist sie insofern unter die Kategorie «Literaturkritik» rubrizierbar, als sie im Medium der Inszenierungskritik zugleich indirekt auch eine Kritik des der Aufführung zugrunde gelegten literarischen Werkes mitliefert.

4.1.1 Zur Theaterkritik als journalistischer Gebrauchsform

Eine analytische Beschäftigung mit der Theaterkritik müßte zunächst, vor der jeweiligen Erarbeitung ihrer Wertungsposition sowie deren Kriterien an einem konkreten Einzelbeispiel, die besonderen externen Bedingungsfaktoren dieses Texttyps überhaupt reflektieren: nämlich seinen Publikationsrahmen, seine Autor- sowie Leserschaft, seine Entstehungsbedingungen, seine gesellschaftliche sowie soziokulturelle Funktion.[1]

Die Theaterkritik als Schauspielrezension ist in der Regel journalistischer Provenienz.[2] Diese Bestimmung macht sie zu einem Gebrauchstext und markiert zugleich ihre unmittelbare Leserbezogenheit. Der journalistische Kritiker ist, aufgrund seiner tages- sowie kulturpolitischen Autorrolle, in besonderer Weise den gesellschaftlichen Bedürfnissen und Interessen sowie modischen Auffassungen der Gegenwart verpflichtet. Er muß immer ‹aktuell› sein oder sollte es zumindest, was sein Urteil notwendigerweise modischen Schwankungen unterwirft.[3]

Die Theaterkritik hat wie andere Kunstkritiken ihren angestammten Platz in der Tageszeitung, auch in Wochenzeitungen und Kulturzeitschriften, genauer noch im Feuilletonteil, in dem ihr ein begrenzter Raum zur Verfügung steht. Zumeist muß sie rasch erstellt werden, da eine Premiere ihren unmittelbaren publizistischen Reflex kulturpolitisch notwendig macht. Die professionelle Autorenschaft der Theaterkritik erfordert Sach- und Fachkenntnisse, die der Journalist sich in der Regel in einem Studium der Zeitungs-, Theater- und Literaturwissenschaft erworben hat. Er unterliegt redaktionellen sowie verlegerischen Zwängen, insofern er sich im Interesse der Redaktion und des Verlags gut ‹verkaufen› muß.[4]

Die Leserschaft setzt sich wohl in erster Linie zusammen aus Theateranhängern, darüber hinaus aber auch aus dem allgemein an kulturellen Ereignissen interessierten und d. h. ‹gebildeten› Publikum. Die Theaterkritik stellt eine unmittelbare informative und zugleich kritisch wertende Antwort auf ein kulturelles Ereignis dar und greift durch ihre Wertung auch in dasselbe ein, indem sie nicht nur äußerlich mögliche Besucher an- oder abwirbt, sondern Verhaltens- bzw. Einstellungsveränderungen auf seiten der Leser, der Regisseure und Dramenautoren sowie der Schauspieler erzielen kann. Insofern formt und schärft sie kulturelles Bewußtsein. So gesehen fällt ihr eine nicht unbedeutende soziokulturelle Funktion zu.

Ferner muß man bedenken, daß die Theaterkritik zwar primär ein journalistischer und d. h. empfängerbezogener Gebrauchstext ist, daß sie aber darüber hinaus inhaltlich einen doppelten ‹Sach›-Bezug zu thematisieren hat, nämlich Information sowie kritisches Urteil über die besondere Inszenierung und damit zugleich Interpretation des dieser zugrunde liegenden literarischen Werkes. Damit ergibt sich, textphänomenologisch gesehen, notwendig eine Art Mischform, wobei allerdings, aus Gründen der genannten externen Bedingungsfaktoren der Theaterkritik, die Verhältnismäßigkeit wahrscheinlich so zu sehen ist, daß der ‹Empfänger›-Bezug vor dem ‹Sach›- Bezug dominiert. Dies muß wohl auch deshalb so gesehen werden, weil die Theaterkritik als Zeitungstext vor allem der Intention der Zeitungssprache als Zwecksprache unterliegt, wobei die letztere immer als «Träger des publizistischen Wirkungswillens» fungiert.[5] Zeitungssprache als Zwecksprache zielt ab auf Lesewerbung und ist daher primär appellativ.[6] Somit liegt es nahe, daß die kritisch-wertende Dimension der Theaterkritik zugleich in ihrem Appellcharakter aufgeht.[7]

Aus diesen Erwägungen ergeben sich nun für die Analyse folgende Erschließungsfragen: 1. Wie informiert und urteilt der Kritiker über die jeweilige Inszenierung (Regie, Schauspieler, Bühnenbild)? 2. Wie ist die Dominanz des Empfängerbezugs vor dem Sachbezug[8] im sprachlichen Zeichen- und Regelsystem des expositorischen bzw. pragmatischen Textes verwirklicht? (oder anders gefragt: Wie will der Kritiker die Leser von seinem Wertungsvorschlag sprachlich ‹überzeugen›)? 3. In welcher Weise spiegelt die Kritik der Inszenierung zugleich eine kritisch-wertende Interpretation des dramatischen Werkes wider?

Eventuell ist mit der Beantwortung dieser Fragen auf die Notwendigkeit einer Kritik der Theaterkritik verwiesen. Ob allerdings ein Theaterregisseur sich der Forderung der ‹Werktreue› oder ‹Werkgemäßheit› verpflichten muß, ist eine ideologische Streitfrage[9]. Man könnte den Verfechtern der «werkgetreuen» Inszenierung entgegenhalten, zum einen stehe das Theater primär unter kulturell-gesellschaftlichen sowie publikumsbezogenen und ökonomischen Bedingungen, zum anderen sei die Aussage eines literarischen Werkes nicht ‹eindeutig› und ein für allemal festgelegt, sondern ‹mehrdeutig› und wandelbar je nach historisch-gesellschaftlicher Rezeptionssituation.[10] Insofern dürfe der Regisseur dem Theaterstück eine Aussagedimension zudiktieren, die möglicherweise einer engen, der Immanenz des Dramas verpflichteten «werkgemäßen» Deutungsweise widerspricht. Ob ein Kritiker auf diesen Fall aufmerksam machen sollte, scheint ein unangemessenes normatives Postulat zu sein. Allerdings müßte eine Kritik der Theaterkritik und damit möglicherweise auch der Inszenierung als «einer» Interpretation mögliche andere mitdiskutieren.

Die folgende konkrete Analyse eines Textbeispiels kann davon ausgehen, daß die vorliegende Theaterkritik exakt die Intention der Inszenierung (= Klassenkampfaspekt) getroffen hat.[11] Damit fällt jener mögliche Analysegesichtspunkt weg, der abzuheben hätte auf eine Differenz zwischen Aufführung und kritischer Würdigung. Immerhin wäre es ja denkbar, daß ein Kritiker das Konzept des Regisseurs verfehlt, d. h. falsch deutet. Da dieser Fall hier nicht vorliegt, müßte die Analyse u. a. versuchen, aus Gründen des im ganzen positiven Besprechungscharakters dieser Kritik, die inhaltlichen Identifikationsmuster und die diese begründenden Argumentationselemente kritisch zu beschreiben.

Premiere im Stuttgarter Staatsschauspiel

EIN WÜRGENDES STÜCK KLASSENKAMPF[12]

Horst Siede inszenierte die unaufgelösten Widersprüche in Schillers «Kabale und Liebe»

Starker Beifall für die Schauspieler, Buhrufe für den Regisseur. Mißvergnügen also an der Stuttgarter Inszenierung von «Kabale und Liebe» und Anerkennung für das Ensemble, das sich dafür einsetzte? Nein, so leicht lassen sich Horst Siede und seine Mitspieler nicht auseinanderdividieren. Das Spiel im Kleinen Haus war aus einem Guß gemeinsamer Ideen. Es war eine Provokation, die Ablehnung oder Zustimmung hervorrufen mußte. Sie zeigte einen rebellischen, «linken» Schiller, seine ganze frühe Wut, noch unverputzt und frei von romantisierenden Übermalungen. Ein radikales Konzept – auch wenn es leider nicht in allen Szenen gelang.

Es ist nicht viel übriggeblieben in Horst Siedes Konzept von den edlen oder tragischen Mäntelchen, die erbauungssüchtige Zeiten dem Ferdinand, dem Miller oder der Milford umgehängt hatten. Diese früheren Beschönigungen hatten natürlich zur Folge, daß andere Figuren noch eine Hölle tiefer dafür büßen mußten: der Präsident und vor allem Wurm, der schwarze Schleicher.

Doch das waren Inszenierungen eines schlechten historischen Gewissens, das eben jene radikale Konfrontation auf die Bühne verdrängte, die die Deutschen in Wirklichkeit nie geschafft hatten.

Horst Siede lehnt diese billig im Theater nachgeholte Revolution ab. Er inszeniert konsequent gegen das angedichtete Schwarzweißklischee, das nur Schurken und Opfer kennt und seine wohlfeile theatralische Wirkung aus dem Heroisieren oder Lamentieren bezieht. Und Schiller gibt ihm recht: Hört man nur einmal wieder genau auf den Text (was, zugegeben, nach der Schulzeit schwerfällt!). Dann erlebt man die ganz triviale Fabel einer symptomatisch verkorksten Liebe. An ihrem tödlichen Ausgang sind nicht nur der alles niederintrigierende Hof oder das allzu ruhm- und geldgierige Musikerehepaar schuld; die Liebenden selber teilen von der ersten Szene an die Brüchigkeit ihrer feigen Umwelt.

Erich Fischer hat ein genau treffendes Bühnenbild dazu gestellt. Für die geduckte Miller-Welt eine schlichte, schmale Stube, niedrig, aber gradlinig. Für den Hof doppelt hohe Räume von brutaler Kälte. Säle der Macht, die aber nicht die Größe (und sei es böse Größe) ihrer Bewohner widerspiegeln, sondern die Mittelmäßigkeit der Mächtigen decouvrieren. Auf sie strahlt zwar das volle Licht von oben, während es den Millers nur schräg von der Seite zufällt, aber ihre herrschaftlichen Wände sind aus demselben – wenn auch teureren – Holz geschnitzt.

Wie erbärmlich ähnlich sich beide Welten sind, muß am deutlichsten an Ferdinand zu sehen sein, der sich zwischen sie stellt. Gerd Voss spielte radikal gegen den Strich und riskierte vom ersten Auftritt an die Gunst des Publikums. Er wollte weder als tragischer Liebender glänzen noch als revoltierender Sohn falschen Beifall einheimsen. Er ist ein Söhnchen, das seinen Vater verachtet, sich aber von ihm die Karriere machen läßt. Er liebt Luise, aber auf eine verkniffene, rechthaberische Art. Wenn er sie an seinem Arm «durchs Leben hüpfen» lassen will, scheint er an Holzbeine zu denken. Wenn er die Milford abkanzelt, schwitzt er die ganze Wut seiner eingeklemmten Moral aus. Eine windelweiche Seele trägt Voss im Gesicht und in seinen kantigen Bewegungen ausgeborgten Trotz und sauer gewordene Leidenschaft.

Ähnlich konsequent spielte sich Claus-Theo Gärtner als Wurm aus dem angestammten Lager heraus. Er ist eben nicht der hämische Tintengiftling, der schleimige Sadist, der am liebsten Bürgermädchen quält. In der quälenden Zerdehnung des Briefdiktats deutet Gärtner (exakt nach Schiller) ein unbeholfenes Mitleid an. Sein Wurm ist niederträchtig – um nicht niedergetreten zu werden.

Auch Günter Strack (Miller) traf Siedes Leitmotiv von den unaufgelösten Klassenwidersprüchen (wo der Kampf nicht ausgetragen wird, sondern die Personen von innen aufreibt). Miller, ein massiger teutscher Kerl, zeigt dem Präsidenten (Günter König) die Zähne, aber gebückt; er liebt seine Tochter, aber wie einen Besitz; er hat einen geraden Blick, aber nur bis ein Beutel Gold ihn knickt.

Wenn «die Menschheit auf dem Platze bleibt» (Ferdinand), dann nicht, weil Größe scheitert, sondern weil Beschränktheit bremst. Eleonore Zetzsche (Millerin) und Jan-Geerd Buss (Kalb) sind nur zwei Varianten derselben zerstörerischen Dümmlichkeit; sie mit ihrem schnippischen Schniefen, er mit seiner gockelhaften Eitelkeit.

Dazwischen die beiden Frauen, Luise (Anne-Marie Kuster) und Lady Milford (Heidemarie Rohweder). Ein bürgerliches Lämmchen und eine adelige Hure – verwandt wie Schwestern. Beide Opfer der Gesellschaft. Schade, daß gerade ihre Begegnung, statt das gemeinsame Unglück szenisch zu bündeln, ganz zum Schluß noch exaltiert auseinanderplatzt und pathetisch entgleist. (Während die Kammerdiener-Szene – mit Waldemar Schütz – beherrscht bleibt und dadurch unheimlich betroffen macht.)

Der letzte Akt aber ist eine einzige Versinnlichung dieses würgenden, weil in den Hälsen steckengebliebenen Klassenkampfes. Repression ist ein trockenes Soziologenwort – hier wird sie fühlbar, klamm und angstschweißig. In dem schrecklichen Zusammenschrumpfen der Luise, in dem zwischen Gier und Elend flackernden Miller. Besonders aber in Ferdinand, den Gerd Voss, zerrissen in Zynismus und Selbstmitleid, einen häßlichen Tod sterben läßt. So häßlich wie dieses deutsche Trauerspiel weitergehen wird: Mit schonungslos Hinausgeschleiften (Wurm) und schäbigen Schleifern (Präsident). Wobei auch diese beiden sich wieder beängstigend ähnlich sind.

Winfried Roesner

Ein Blick auf die typographische Aufmachung des Textes zeigt bereits äußerlich seine informative Gebrauchsfunktion: 1. dreigliedrige Überschrift mit zentraler fettgedruckter Schlagzeile, die aufgrund ihrer pointiert-plastischen sowie modisch-aktuellen Aussage («Ein würgendes Stück Klassenkampf») den Neugierde weckenden Blickfang darstellt; 2. Vorspann und 3. eigentlicher Text. Die dreigliedrige Überschrift nennt die wichtigsten Informationselemente: Ort (Stuttgarter Staatsschauspiel), Intention (Klassenkampf), Regisseur und Stück (Horst Siede und Schillers «Kabale und Liebe»), wobei der Begriff der «unaufgelösten Widersprüche» den Klassenkampfaspekt noch näher definiert. Der Vorspann beschreibt gerafft die Reaktion des Publikums («Buhrufe») sowie den Tenor der Inszenierung («linker» Schiller, zugleich Bezug zur Schlagzeile «Klassenkampf») und signalisiert die im ganzen positive Wertung. Der Folgetext verwirklicht exakt das übliche Informationsmuster der Theaterkritik, d. h. den gängigen Dreischritt: kritische Würdigung der Besonderheit der Inszenierung, des Bühnenbildes und der Figuration der Gestalten sowie deren schauspielerische Verkörperung. Damit ist die Funktion der Theaterkritik, nämlich dem Leser kritische Information zu liefern, strukturell erfüllt. Es bedarf allerdings zusätzlicher Faktoren, um das Gelingen des durch den journalistischen Gebrauchstext intendierten Kommunikationsprozesses voll zu garantieren: nämlich des direkten oder indirekten strategischen Entwurfs von Autor- und Rezipientenrolle.

Direkt realisiert ist dieser in der Version: «Hört man nur einmal wieder genau auf den Text (was, zugegeben, nach der Schulzeit schwerfällt!»)(Z. 14f). Im Indefinitpronomen «man» fallen m. E. Autor- sowie Rezepientenrolle zusammen, und das subjektive Autorbekenntnis «zugegeben» suggeriert dem Leser, daß es ebenfalls ihm schwerfallen wird, wieder auf den zur Schulzeit gelesenen Text genau zu hören. Indirekt realisiert ist der Rollenentwurf von Autor und Rezepient in dem Versuch des Kritikers, diese modern-progressive Inszenierung gegenüber konservativ-restaurativen als die eigentlich legitime und damit dem Schillerschen Stück angemessene zu empfehlen. Er möchte sich mit seinem Leser darin eins wissen, daß sie sich beide gegenüber den gesellschaftlichen und kulturellen Erfordernissen der Zeit aufgeschlossen verhalten. Und das in den Dienst dieses gemeinsamen Rollenentwurfs gestellte sprachliche Zeichen- und Regelsystem des Textes strebt appellativ-persuasiv den Konsens an.

4.1.2 Zu sprachkritischen Analyseaspekten

Als das auffälligste sprachliche Medium der Lesermanipulation rangiert das betont plastische (= «fiktionale») Wortmaterial. Bereits die Schlagzeile deutet diesen Duktus an («ein würgendes Stück»), wobei die metaphorische Verwendung des «würgen» («weil in den Hälsen steckengeblieben . . .», Z. 65) die Anschaulichkeit steigern und somit die Wirkungsabsicht intensivieren soll. Daneben ist eine besondere Vorliebe für Epitheta erkennbar (Z. 6 «schwarzer Schleicher», Z. 15f «triviale Fabel einer symptomatisch verkorksten Liebe», Z. 38f «in seinen kantigen Bewegungen ausgeborgten Trotz und sauer gewordene Leidenschaft» u. a. m.). Bevorzugter Träger der Anschaulichkeit ist das Adjektiv. Deshalb sind auch beinahe alle Nomina attributiv besetzt. Ebenfalls den Nomina sowie Verben kommt die Funktion der betont plastischen Veranschaulichung zu (Z. 6 «Schleicher», Z. 41 «Tintengiftling», Z. 32 «einheimsen», Z. 36 «abkanzeln», Z. 36f. «ausschwitzen»,

Z. 61 «auseinanderplatzen» u. a. m.). Semantisch interessant für diese Zusammenhänge ist, daß beinahe alle Verben, auch ihre Transformation in Adjektiv und Substantiv (Z. 42f «quälende Zerdehnung», Z. 71 «mit schonungslos Hinausgeschleiften»), eine intensive Bewegungsqualität demonstrieren, was ihren plastischen Aussagecharakter noch potenziert. Als bewußt adressatenbezogen muß auch die Einlagerung plastischer Fremdwörter gedeutet werden (Z. 13 «Heroisieren und Lamentieren», Z. 24 «decouvrieren», Z. 61 «exaltiert», Z. 65 «Repression»). Die exemplarischen Belege mögen ausreichen, um zu zeigen, daß der Textautor gezielt Wortmaterial um des Effektes willen einsetzt. In diesem Dienst steht die Kumulation des durchweg bildhaft-anschaulichen Sprachgestus (Nähe zum Narrativ-Fiktionalen).

Ähnliches gilt für den syntaktischen Bereich. Auffällig ist hier die häufige Verkürzung von Sätzen um das Prädikat (bereits im Vorspann angedeutet: «Starker Beifall für die Schauspieler, Buhrufe für den Regisseur»), vielfach auch als syntaktisch verselbständigte Anschlüsse und Reihungen fungierend (Z. 20f «Erich Fischer hat ein genau treffendes Bühnenbild dazugestellt. Für die geduckte Miller-Welt eine schlichte, schmale Stube, niedrig, gradlinig»). Nicht immer muß, im Hinblick auf die Satzverkürzung, ein unmittelbarer syntaktischer Konnex zum vorherigen bestehen; manchmal reicht bereits ein knapper semantischer Hinweis aus (Z. 57 «Dazwischen die beiden Frauen . . . .»). Die unvollständigen Sätze, d. h. die prädikatlosen Satzfragmente, sollen pointiert und einprägsam ‹wirken› aufgrund ihres expressiv-schlagartigen Charakters. Insgesamt dominiert somit im Sprachbefund dieses Textes seine Wirkungsabsicht, die als Appellation und Persuasion[13] fungiert.

Dies gilt auch für jene Textstellen, wo ein scheinbarer ‹Sach›bezug diskursiv-argumentativ konstruiert wird: Z. 46f «Auch Günter Strack (Miller) traf Siedes Leitmotiv von den unaufgelösten Klassenwidersprüchen (wo der Kampf nicht ausgetragen wird, sondern die Personen von innen aufreibt). Miller, ein massiger teutscher Kerl, zeigt dem Präsidenten (Günter König) die Zähne, aber gebückt; er liebt seine Tochter, aber wie einen Besitz; er hat einen geraden Blick, aber nur bis ein Beutel Gold ihn knickt». Die syntaktische Logik dieser Periode (= der Konjunktionalstil des dreifachen adversativen «aber») soll dem Leser den Eindruck der Sachargumentation und damit der Richtigkeit der Aussage vermitteln. Der syllogistische Charakter dieser Syntax wird allerdings zugleich wieder verfremdet durch die Plastizität des Wortmaterials: «von innen aufreibt», «zeigt die Zähne», «gebückt», «knickt». Darin dokumentiert sich letztlich die Priorität des Wirkenwollens vor sachlicher Argumentation. Außerdem ersparen die pointiert-knappen, «logisch»-syntaktischen Wendungen eine ausführliche Erläuterung, die ohnehin räumlich nicht möglich wäre. Die betonte Logik dieser Syntax täuscht allerdings Sachargumentation und Richtigkeit nur vor, denn die jeweiligen Begründungen sind inhaltlich problematisch, worauf noch eingegangen wird.

Die knappe stilistische sowie syntaktische Bestandsaufnahme des Textes drängt geradezu zur sprach- und im weiteren Sinne auch ideologiekritischen Stellungnahme. Die um der Plastizität willen sprachlich aufgeblähten Wendungen (besonders auffällig Z. 16f «Die ganz triviale Fabel einer symptomatisch verkorksten Liebe») entlarven ihre vordergründig unterhaltsam-feuilletonistische Intention, nämlich um jeden Preis originell und publikumswirksam sein zu wollen. Das zitierte Beispiel ist letztlich völlig nichtssagend und unsinnig: denn was heißt «triviale Fabel» und «symptomatisch verkorkst»? Es rangiert in der Nähe gestelzt sowie manieriert wirkenden Kritikerjargons, der sich in Platitüden genüßlich gefällt, allein um stilistische Brillianz bemüht, ohne sich dem immanenten Sachbezug der Kritik verpflichtet zu fühlen. Die bloße Effektkumulation und vordergründige Wirkungsabsicht des Textes avanciert einerseits zu Mitteln trivialer Literatur (wie künstliche Plastizität oder gesuchte Bildhaftigkeit), andererseits zu Mitteln von Werbetexten und politischer Propaganda (wie Leerformeln, semantischer Unschärfen bzw. Polysemien, Schlagwörter, letztlich demagogischer Strategien). Formulierungen wie «klamm und angstschweißig», «ausgeborgten Trotz und sauer gewordene Leidenschaft», «schwitzt er die ganze Wut seiner eingeklemmten Moral heraus» verraten möglicherweise eine bestimmte Sprecherkompetenz hinsichtlich der Verfügbarkeit eines breiten Repertoires von ‹interessantem› Kritikerdeutsch, sind letztlich aber vergleichbar mit demagogischem Sprachstil, da sie den Sachaspekt verfehlen um der stimulierten Pulikumswirkung und zugleich um des sprachlichen Selbstgenusses willen.[14] So gesehen wäre für diese Zusammenhänge die Kritik Bertolt Brechts an Alfred Kerr anwendbar, dem er (Brecht) vorwarf, daß ihm die Kritik und der

Kritiker wichtiger seien als der kritisierte Gegenstand.[15] Wenn man noch einer anderen Typologisierung folgen will, so könnte man den Autor dieses Textes unter den «impressionistischen» oder «subjektivistischen» Kritiker (im Gegensatz zum «diskursiven» und «objektivistischen»[16]) rubrizieren.

4.1.3 Zu ideologiekritischen Analyseaspekten

Wie wird die positive Wertung der Inszenierung und gleichzeitige Interpretation von Schillers «Kabale und Liebe» inhaltlich begründet? Der Autor dieser Kritik stellt die handfeste Behauptung auf, daß die «linke» Inszenierung Siedes genau Schillers Intention träfe (Z. 13f «Und Schiller gibt ihm recht» und Z. 43 «exakt nach Schiller»). Als Veranschaulichungsobjekt dient vor allem die Gestalt des Wurm, die Regisseur und Theaterkritiker so interpretieren: Z. 40f «Ähnlich konsequent spielt sich Claus-Theo Gärtner als Wurm aus dem angestammten Lager heraus. Er ist eben nicht der hämische Tintengiftling, der schleimige Sadist, der am liebsten Bürgermädchen quält. In der quälenden Zerdehnung des Briefdiktats deutet Gärtner (exakt nach Schiller) ein unbeholfenes Mitleid an. Sein Wurm ist niederträchtig – um nicht niedergetreten zu werden». Interessant ist, daß die modisch-neue Version der Wurmdeutung («aus dem angestammten Lager heraus») zugleich die Wertung des Kritikers konstituiert oder mit seiner Wertungsposition zusammenfällt, insofern das Progressive in seiner Optik offenbar als apriorischer Wert sanktioniert ist. Die künstliche Anstrengung seiner Argumentation entlarvt sich bereits in der apodiktischen Wendung des «eben nicht». Hier wird das vom Kritiker vorher geäußerte Bekenntnis, daß es ‹nach der Schulzeit schwerfalle, einmal wieder genau auf den Text zu hören›, möglicherweise unfreiwillige Wahrheitsbekundung, denn die vorgelegte Wurmdeutung ist, gemessen an einer immanenten Interpretation des Schillerschen Textes, gelinde gesagt sehr eigenwillig. Bei Schiller heißt es:

> Wurm. «oh nein doch! Verzagen Sie nicht, liebe Mademoiselle! Ich habe herzliches Mitleid mit Ihnen. Vielleicht – wer weiß? – Ich könnte mich noch wohl über gewisse Dinge hinwegsetzen! – Wahrlich! Bei Gott! Ich habe Mitleid mit Ihnen».[17]

Wurms Mitleidsäußerung ist rhetorisches Kalkül, um eventuell doch noch, aus ganz massiven egoistischen Gründen (Begierde – spätere Verbindung), die Gunst Luisens zu erwerben. Die seine Rede unterbrechenden Gedankenstriche («Vielleicht – wer weiß? – . . .») spiegeln elliptisch sein Kalkül wider. Der unmittelbare Kontext enthüllt die Wahrheit («Ich könnte mich noch wohl über gewisse Dinge hinwegsetzen!»). Auch angesichts des vorausgegangenen grausamen Briefdiktats können Wurms Worte des Mitleids doch nur als Lüge und Infamie interpretiert werden. Genau deshalb ist er, psychologisch gesehen, der ‹niederträchtige und hämische Tintengiftling›, d. h. die Verkörperung des Bösen und Teuflischen.[18] Und der Vermerk des Kritikers, Wurm sei «niederträchtig – um nicht niedergetreten zu werden», müßte so gesehen relativiert werden. Denn die Kabale geht auf Wurms Initiative zurück; er bietet sich dem Hofe an, und zwar aus niedrigen Beweggründen wie Ressentiment und Rache dem Bürgertum gegenüber (Miller hatte ihn als möglichen Gatten seiner Tochter abgewiesen), aus dem er sich gern erheben möchte. Textimmanent interpretiert stellt er also kein «Opfer» der Standesunterschiede (wie Luise und Ferdinand) oder der «Gesellschaft» dar, wie es das «um nicht niedergetreten zu werden» assoziiert. Allenfalls könnte man mutmaßen, im Hinblick auf die real- sowie sozialgeschichtliche Entstehungszeit von Schillers «Kabale und Liebe», daß Wurm insofern ein Opfer der Gesellschaft sei, als ihn die miesen bürgerlichen Lebensbedingungen genötigt hätten, seine Standesschicht zu verlassen und sich dem Adel zu verschreiben. Aber selbst bei der Annahme der Richtigkeit dieser Deutungsprämisse ist dennoch der Kritikeranspruch «exakt nach Schiller» zu relativieren, da der direkte Kontext der Mitleidsäußerung ein Wortwörtlichnehmen nicht zuläßt. Wurm ist, gemäß der Textintention, letztlich Opfer seiner eigenen Intrige, und d. h. seiner Immoralität. Andernfalls müßte Schillers Wurmfiguration brüchig sein, insofern die durch Millers drastische Charakteristik präformierte Erwartungshaltung des Lesers später nicht bestätigt wird (I,2: «widriger Kerl», «tückische Mausaugen», «die Haare brandrot», «Schuft»[19]). Die Absicht der hier vorgelegten immanenten Textdeutung darf nicht in der Weise mißverstanden werden, als ob damit nun ein Zurück zur Werkgemäßheit traditioneller Inszenierungen gefordert sei und progressiv ‹gesellschaftliche› Inszenierungen wie beispielsweise die Siedes als unstatthaft erachtet werden müßten. Nur provoziert die Kritikeraussage «exakt nach Schiller» geradezu eine sich am Dramentext orientierende kritisch-interpretative Entgegnung.

Darüber hinaus hält die krampfhafte Bemühung des «exakt nach Schiller» auch einer entstehungsgeschichtlichen Interpretation, die die Frage nach Schillers dramatischer Intention überhaupt stellt, nicht stand. Nichts wäre zunächst dagegen einzuwenden, Schillers «Kabale und Liebe» ‹klassenkämpferisch› zu inszenieren, denn der Aktionsrahmen der Gestalten ist bestimmt vom Ständekonflikt Bürgertum-Adel. Soziologische Interpretationen bieten sich somit an.[20] Außerdem ist das sozialrevolutionäre Pathos und Engagement gemeinsame Haltung der Stürmer und Dränger. Zudem weiß man aus Schillers Jugendbiographie, daß er die ausbeuterische Haltung Karl Eugens von Württemberg seinen Untertanen gegenüber scharf geißelte. Schillers Adelskritik erhebt sich dort, wo inhumane Autorität und despotische Willkür sich artikulieren. Damit ist seine Sozial- oder Gesellschaftskritik immer zugleich auch individuelle Autoritätskritik und das sozialethische Moment seiner Kritik zugleich individualethisch zu deuten. Seine dramatische Intention müßte somit ethisch genannt werden, was ein Blick auf seine Abhandlung «Die Schaubühne als moralische Anstalt betrachtet» unzweideutig dokumentiert:

Ich kenne nur ein Geheimnis, den Menschen vor Verschlimmerung zu bewahren – sein Herz gegen Schwächen zu schützen. Einen großen Teil dieser Wirkung können wir von der Schaubühne erwarten (S. 95) . . . Die Schaubühne ist mehr als jede andere öffentliche Anstalt des Staats eine Schule der praktischen Weisheit, . . . ein unfehlbarer Schlüssel zu den geheimsten Zugängen der menschlichen Seele . . . aber wenn wir auch diese große Wirkung der Schaubühne einschränken, wenn wir so ungerecht sein wollen, sie gar aufzuheben – wie unendlich viel bleibt noch von ihrem Einfluß zurück? Wenn sie die Summe der Laster weder tilgt noch vermindert, hat sie uns nicht mit denselben bekannt gemacht? (S. 96) . . . Wieviel Anteil an diesem göttlichen Werk gehört unseren Bühnen? Sind sie es nicht, die den Menschen mit dem Menschen bekannt machten, und das geheime Räderwerk aufdeckten, nach welchem er handelt.[21]

Somit kann Schiller nicht vorschnell und undifferenziert für eine ausschließlich gesellschaftskritisch orientierte Klassenkampfversion in Anspruch genommen werden. Wenn ein Theaterregisseur es dennoch tut, ist ihm dies insofern nicht zu verübeln, als die Aktualisierung, auch eine krampfhafte und künstliche, heute als legitimes Medium des Theaters fungiert.[22] Nur, wie begründet der Kritiker den von ihm positiv gewerteten aktuellen Inszenierungsaspekt «Klassenkampft»? Die zentrale progressive Intention der Inszenierung ist in der Kritikeräußerung artikuliert: Z. 10f «Er inszeniert konsequent gegen das angedichtete Schwarzweißklischee, das nur Schurken und Opfer kennt.» Siede will somit die betonte Gegensätzlichkeit der sozialen Schichten oder Stände, wie sie in traditionellen Inszenierungen dargestellt wurde, aufheben zugunsten von Annäherung und Entsprechung. Eine an der Klassenkampfidee orientierte Theaterkritik hätte aber erkennen müssen, daß genau das von Siede vorgestellte Modell der Entstehungstheorie des Klassenkampfes entschieden widerspricht. Die sogenannten «unaufgelösten (gesellschaftlichen) Widersprüche», als besonderes Indiz des Klassenkampfphänomens, sind letztlich nur erklärbar durch die vor allem auch ökonomischen Gegensätze der sozialen Schichten. Wenn nun beide Stände einander dadurch angenähert werden, daß sie gemeinsam teilhaben an «Opfern» sowie «Geopferten», ist der Klassenkampfidee theoretisch der Boden entzogen. So scheint es, als ob der Begriff nur von außen der Inszenierung als modische Etikette aufgesetzt wurde. Folgende bereits syntaktisch analysierte Textstelle verrät deutlich die krampfhafte Verwendungsabsicht: «Auch Günter Strack . . .; er liebt seine Tochter, aber wie einen Besitz». Ein gründliches Mißverstehen der Klassenkampftheorie liegt vor, wenn ihr Kriterium der «unaufgelösten Widersprüche» psychologisch argumentiert wird. Die gängige Kritik beispielsweise am Marxistischen Konfliktbegriff beruht gerade auf der einseitigen und verengenden Reduktion desselben aufs bloß Ökonomische sowie Gesellschaftliche. Es hat also mit «unaufgelösten Klassenwidersprüchen» wohl wenig zu tun, wenn Miller seine Tochter «wie einen Besitz» liebt. Vielmehr muß man Millers egozentrische Tochterliebe primär psychologisch motiviert sehen durch seinen Typus und Charakter sowie sein gestörtes Gattin-Verhältnis. Das zitierte Textbeispiel deckt hinreichend die innere Alogik, und d. h. auch Abstinenz von jeglicher Ideologiekritik auf seiten des Theaterkritikers auf. Hier soll, sprachlich raffiniert verpackt, die modisch-interessante Version vom «Klassenkampf» dem Leserpublikum unter allen Umständen ‹verkauft› werden. Auch und vor allem darin erweist sich diese Theaterkritik als journalistischer Gebrauchstext.

Möglicherweise verführt der modische und ‹ideologische›

Zwang den Kritiker dazu, vorschnell und undifferenziert jede ‹gesellschaftskritische› Inszenierung a priori zu sanktionieren. Die Siedesche Intention, das «angestammte Lager», d. h. traditionelle Inszenierungsmuster, durchbrechen zu wollen, erfährt in der Theaterkritik dadurch ihre krampfhafte Legitimation, daß der Kritiker sie paradoxerweise als werkgemäß argumentiert («und Schiller gibt ihm recht», «exakt nach Schiller»). Damit ist indirekt auch auf Wertungsposition und Kriterienkatalog des Kritikers verwiesen: antikonservativ = progressiv, modisch-aktuell, ‹links›, gesellschaftspolitisch orientiert. Zugleich signalisiert der Kritiker in der Inszenierungsbesprechung seine literaturkritische Einschätzung des Schillerschen Dramas: dadurch daß es gesellschaftlich relevante Aktualisierungsmöglichkeiten bietet, ist es a priori wertbesetzt (s. Vorspann der Theaterkritik: «. . . einen rebellischen, ‹linken› Schiller, seine ganze frühe Wut, noch unverputzt und frei von romantisierenden Übermalungen»). Dabei ist gerade in diesem Punkt die literaturkritische Einschätzung von Schillers «Kabale und Liebe», beispielsweise innerhalb der Literaturgeschichtsschreibung, äußerst kontrovers verlaufen[23]. Gemessen an der Mecklenburgschen Wertungstheorie sitzt der Verfasser dieser Kritik der einseitigen soziologischen Wertungsposition auf, ohne allerdings ideologiekritisch zu prüfen – das kann von ihm auch nicht verlangt werden hinsichtlich seiner Funktion –, ob das Inszenierungskonzept den «politischen» Schiller in «Kabale und Liebe» gesellschaftstheoretisch konsequent aktualisiert.

4.1.4 Didaktisch-methodische Hinweise

Voraussetzungen

Eine der spezifischen Textsorte der Theaterkritik angemessene unterrichtliche Behandlung unter dem Wertungsaspekt setzt idealiter voraus, daß die Theateraufführung besucht wurde. Denn nur dann kann die Frage beantwortet werden, ob der Kritiker das Konzept des Regisseurs getroffen hat oder nicht. Wenn man nämlich bündig auf Wertungsposition und Wertungsmaßstab des Kritikers schließen will, wäre die Kenntnis seiner möglichen Verfehlung der Inszenierungsintention nützlich. Außerdem ist allgemein ein rascheres sowie eindeutigeres Verständnis der Kritik garantiert, wenn der Theaterbesuch erfolgte. Selbstverständlich ist, daß das Theaterstück gelesen wurde, sonst wäre eine kritische Einschätzung des Regisseurentwurfs sowie seines Reflexes in der Theaterkritik unnötig erschwert. Strittig bleibt eventuell, ob das literarische Werk auch behandelt sein soll. Immerhin wäre es denkbar, daß eine schon erfolgte unterrichtliche Behandlung bestimmte Interpretations- sowie Wertungsrichtungen präformiert hat und somit eine ‹offene› Rezeption verhindert. Möglich ist zudem, daß die dezidierte Besprechung des Theaterstücks jeweils unmittelbar mit jenen Diskussionspunkten verschränkt werden kann, die sich aus der kritischen Betrachtung der Inszenierung sowie ihrer Kritik ergeben. Der Verfasser ist allerdings aus Gründen übergeordneter Lernzielvorstellungen der Meinung (s. Kap. 3: «Voraussetzungen des eigenen Verstehens und Wertens prüfen»), daß eine Primärrezeption, die innerhalb der Kritikbesprechung dann durchaus differenziert und vertieft werden kann, der Sekundärrezeption des Theaterstücks im Spiegel der Kritik vorausgehen sollte. Unterrichtspraktisch empfehlenswert ist in diesem Zusammenhang vielleicht auch, nach dem Theaterbesuch, ohne noch von der Theaterkritik Kenntnis zu haben, die Schüler eigene Kritiken anfertigen zu lassen, um so im anschließenden Vergleichsverfahren die eigene Wertungsposition unmittelbar erfahrbar zu machen. Nützlich wäre vor allem, mehrere Theaterkritiken aus verschiedenen Zeitungen und evtl. Zeiten[24] bereitzustellen, um zeigen zu können, wie unterschiedlich Wertungsreaktionen auf ein und dasselbe Theaterstück ausfallen. Auf diese Weise lassen sich vornehmlich wirkungs- und rezeptionsgeschichtliche Analyseaspekte entwickeln. Ferner sind bei einer Theaterkritikbehandlung unter literaturkritischer Optik die medien- und damit textsortenspezifischen Bedingungsfaktoren zu berücksichtigen, denn auch daraus erklären sich die besonderen Wertungsimplikate dieses Texttyps. Schließlich setzt die Einbringung des ideologiekritischen Wertungsaspekts voraus, daß den Schülern vorher an literarischen Werken vorgenommene Erschließungsmethoden wie textimmanente, biographie-, zeit- sowie epochengeschichtliche, geistes- und ideengeschichtliche, real- sowie sozialgeschichtliche vertraut sind. Ebenso müssen vorher sprachkritische Analyseverfahren unter kommunikations- sowie zeichentheoretischer Anleitung an expositorischen und trivialliterarischen Texten erprobt sein. Nicht zuletzt müßte eine wertungstheoretische Diskussion über traditionelle und neuere Auffassungen sowie Konzeptionen stattgefunden haben. Als Basis dafür könnte das folgende Thesenpapier dienen: *Thesenpapier* zur Wertungstheorie (s. Kap. 2)

I. Traditionelle Wertungstheorie
   1. Kunsttheoretische Prämisse: Autonomie des Kunstwerks; überzeitliche Gültigkeit (Werkimmanenz)
   2. Absoluter ästhetischer Wert (Dichotomie: Unterscheidung von hoher und trivialer Literatur)
   3. Vertreter und ihre Wertungskriterien
      a) Walther Killy: Kumulation, Lyrisierung, Repetition, Verlogenheit, Irrealität
      b) Walter Müller-Seidel: Das Öffentliche, Höhere, Wahre, Ganze, Menschliche

II. Neuere Wertungstheorie
   1. Kunsttheoretische Prämisse: Mitteilungscharakter und historisch-gesellschaftliche Bedingtheit des Kunstwerks (Rezeptionsgeschichte, Sozialgeschichte, Entstehungsgeschichte u. a.)
   2. Relativer ‹gesellschaftlicher› Wert (Ablehnung der Dichotomie: Gleichschaltung von hoher und trivialer Literatur)
   3. Vertreter und ihre Wertungskriterien (Kritik an der traditionellen Wertungstheorie)
      a) Jochen Schulte-Sasse: ‹Sie verfahre normativ sowie metaphysisch statt deskriptiv, instrumental sowie funktional›.
      b) Helmut Kreuzer: ‹Sie erachte die Wertungskriterien als überzeitlich gültig, d. h. orientiere sich nicht am historisch-gesellschaftlichen Kontext›.
      c) Norbert Mecklenburg: ‹Daraus erkläre sich ihre Abstinenz von jeglicher Ideologiekritik›.

III. Norbert Mecklenburgs Vermittlungsversuch
   1. Kunsttheoretische Prämisse: Dialektisches Verhältnis von immanenter Gesetzlichkeit und historisch-gesellschaftlicher Bedingtheit des Kunstwerks
   2. Vermittlung von immanenter und soziologischer Kritik (Begründung einer ‹dialektischen Literaturkritik›)
   3. Wertungskriterien
      a) ‹Literaturkritik ist ergänzungsbedürftig durch Ideologiekritik›.
      b) ‹Kriterien ergeben sich aus dem Text sowie seiner Intentionalität, aus seinem geschichtlichen Zusammenhang

und aus dem Standort sowie Horizont des Interpreten.[25]›

Erschließungsfragen
zu 4.1.1: Welche textexternen Bedingungsfaktoren sind im Hinblick auf die Analyse der Theaterkritik zu berücksichtigen? (Wer schreibt die Kritik? Welchen Zwängen unterliegt ihr Verfasser? Wo werden Kritiken veröffentlicht? Wer sind ihre Leser?) Welche Funktion hat sie? Wie ist das Kriterium der Werkgemäßheit einzuschätzen? Welcher Art ist ihre typographische Aufmachung? Wie ist die Autor- und Rezepientenrolle verwirklicht? Wie ist die Theaterkritik als Textsorte zu beschreiben?

zu 4.1.2: Welches ist der hervorstechende Sprachduktus? Welches Wortmaterial wird verwendet? Welche Funktion hat dasselbe? Mit welchen Textsorten ist die Theaterkritik in diesem Punkte vergleichbar? Welche syntaktischen Aspekte fallen auf? Welche Funktion kommt der Syntax zu? In welcher Hinsicht kann der Text einer sprachkritischen Untersuchung unterzogen werden? Welchem Kritikertyp ist der Verfasser dieses Textes zuzuordnen?

Wie wertet der Kritiker die Inszenierung? Welche Begründungen gibt er dafür an? Wie deutet er die Gestalt des Wurm? Wie ist diese Deutung einzuschätzen im Hinblick auf eine immanente Analyse der Mitleidstelle? Worin besteht die Paradoxie des Kritikeranspruchs «exakt nach Schiller»? Wie ist Schillers dramatische Intention zu definieren im Hinblick auf seine Erlebnisse in der Stuttgarter Militärakademie und im Hinblick auf seine Abhandlung «Die Schaubühne als moralische Anstalt betrachtet»? Worin besteht der Widerspruch der Kritiker-Argumentation gemessen am Klassenkampfaspekt? Wie ist der marxistische Konfliktbegriff zu deuten? Warum verzichtet der Kritiker auf jegliche Ideologiekritik? Welches ist seine Wertungsposition? Welche Maßstäbe hat er? Wie ist sein Wertungsverfahren zu formulieren im Hinblick auf die Mecklenburgsche Wertungstheorie?

Möglicher Aufbau der Unterrichtssequenz
Gemessen an den Voraussetzungen (s. o.) empfiehlt sich eine Unterrichtssequenz ‹Literaturkritik = Theaterkritik› unter wertungstheoretischen sowie wertungspraktischen Behandlungsaspekten letztlich nur für die Sekundarstufe II, vornehmlich für den Leistungskurs. Selbstverständlich kann das Thema ‹Theater-

kritik› auch vorher schon in Klasse 10 und 11 eingebracht werden, allerdings in didaktisch-methodisch reduzierter Form: beispielsweise unter mediendidaktischen Gesichtspunkten (Zeitungswesen: Aufmachung, Redaktion, Verlag, Feuilleton usw.). Die analytische Dimension sollte gegenüber der informativen zurücktreten und nur ansatzweise versucht werden, da die Theaterkritik innerhalb der Zeitungstexte besondere analytische Ansprüche stellt (Mischform, indirektes Wertungsverfahren u. a. m.[26]).

1. Medienkunde
a) Aufbau und Funktion der Zeitung (Referat und Diskussion über: Dovifat, Emil, Zeitungslehre; daraus die Kapitel: 1. Band, I.3. Die journalistische (redaktionelle) Arbeit, III.2.a) Die Sprache in der Zeitung; 2. Band, IV. Die Redaktion, 1. Ihr Aufbau, 4.d) Der kulturelle Teil und seine publizistische Arbeit)
b) Wesen und Formen des Feuilletons (Referat und Diskussion über: Haacke, Wilmont, Handbuch des Feuilletons; daraus die Kapitel: 1. Band, die Schlußkapitel von III, IV, V, Charakteristik des Feuilletons; 2. Band, VIII. Die literarischen und journalistischen Gattungen des Feuilletons, über Kunstkritik S. 211–215 und über Theaterkritik S. 272–275)
c) Der Theaterkritiker und das Phänomen der Kritik (Referate und Diskussion über: Kritik/von wem/für wen/wie; daraus die Kapitel: Peter Hamm, Martin Walser, Joachim Kaiser, Hellmuth Karasek; Bertolt Brecht, Gesammelte Werke; Band 18, S. 97–115; Kritik in unserer Zeit: daraus Luft, Friedrich, das Wesen der Kritik)

2. Textanalyse
a) Die Theaterkritik als journalistische Gebrauchsform (ihre kommunikative Funktion: Kommunikationsmodell und Bühlers Organonmodell; die Aufmachung des Textes: Struktur- und Informationselemente, z. B. Schlagzeile, Regisseur, Schauspieler, Autor- und Rezipientenrolle)
b) Die Sprachanalyse des Textes (appellatives sowie plastisch-narratives Wortmaterial; Aspekte der Mischform: Sachanspruch und scheinbar logische Syntax, dennoch Dominanz der Wirkungsintention = Bezug zum Feuilletonistisch-Unterhaltsamen sowie Kulinarischen; Sprachkritik: Kritikerjargon, kumulierende Anschaulichkeit, bloße Leerformeln, ‹demagogische Mittel›)
c) Ideologiekritische Inhaltsanalyse des Textes

aa) Problematik und Widersprüchlichkeit des Klassenkampfaspektes (biographie- und entstehungsgeschichtliche Aspekte von Schillers «Kabale und Liebe»; Referat über B. v. Wiese, Schiller, Einführung in Leben und Werk, Reclam, Stuttgart 1959: Kapitel ‹Kindheit›, ‹Auf der Militärakademie›, ‹Der Flüchtling›)
bb) Schillers dramatische Intention (Moralisierung des Individuums; Diskussionsbasis ist Schillers theoretische Schrift «Die Schaubühne als moralische Anstalt betrachtet»; Erläuterung des Konfliktbegriffs, Informationsbasis: Brockhaus-Enzyklopädie und Soziologisches Wörterbuch)
cc) Interpretationsschwerpunkte (exemplarische Deutung der Gestalt des Wurm, die sozialrevolutionäre Thematik des Dramas = Ständeunterschiede)
dd) Die Theaterkritik als wertender Text (Die Objekte: Inszenierung, Regisseur, Schauspieler, das dramatische Werk und sein Autor; Wertungs-Kriterien)

4.2 Ernst Wiecherts «Hirtennovelle» in der Optik traditioneller und neuerer Wertungsästhetik

Es dürfte von rezeptionsgeschichtlichem und zugleich wertungsdidaktischem Interesse sein, einmal exemplarisch der Frage nachzugehen, wie es kommt, daß Autoren sowie ihre Werke zu einer bestimmten Zeit sich großer Wertschätzung und reger unterrichtlicher Behandlung erfreuen und dann mehr oder weniger in Vergessenheit geraten. Die Klärung dieser Frage erhellt möglicherweise das unmittelbare Abhängigkeitsverhältnis von Wertungsprozessen und historisch-gesellschaftlichen Bedingungsfaktoren. Der Fall Wiechert spiegelt dies in besonders plastischer Weise wider. Der Verfasser selbst erlebte im Deutschunterricht eine ernste Behandlung und positive Bewertung der «Hirtennovelle» und schrieb 1958 darüber seinen Abituraufsatz. Wiechert galt aus Gründen seines inneren Widerstandes gegen den Nationalsozialismus (Aufenthalt im Konzentrationslager Buchenwald: s. seine Erzählung «Totenwald») der Nachkriegsgeneration als Vorbild und zugleich Stimulanz für geistigen Wiederaufbau und moralische Erneuerung. So verwundert es gar nicht, daß Wiechert allenthalben in den Lehrplänen der 50iger Jahre auftauchte[1]. Er und seine Dichtung waren geeignet, einen Beitrag zur Vergangenheitsbewältigung, evtl. auch zur Kompensation manch schlechten Gewissens zu leisten. Von daher ist es durchaus verstehbar, wenn als Gradmesser oder Wertkriterium seiner Werke ihre moralische Substanz fungiert. Deutlich signalisiert dies ein literaturpädagogischer Aufsatz aus dem Jahre 1959:

aus: Heise, Ursula: Kindergestalten in moderner Dichtung[2]

«Verbindungen und Gegensätze lassen sich zwischen der Gegenwartswelt Borcherts und der ‹Hirtennovelle› Ernst Wiecherts finden. Das Erlebnis des Todes durch ein Kind bestimmt auch hier den Gang der Dichtung. Aber hier umschreibt eine feierlich-ruhige, gehobene Sprache eine in sich geschlossene innere und äußere Welt, die des Knaben Michael. Es ist eine etwas starre Welt, die den Trost fast nicht braucht, die aus einer sehr großen Ruhe und Gehaltenheit die Kraft entwickelt, zu geben, andere zu schützen, anderen zu helfen. Unseren jungen Stadtschülern ist diese Haltung recht fremd. Aber es schadet nichts, wenn sie an die drei großen Kraftquellen des Kindes Michael geführt werden: das Erbe und die Leitung der Eltern (der zähen, nüchternen, genügsamen, sicheren Mutter und des groben, tatkräftigen, in der Arbeit gefallenen Vaters), – das schlichte Gebot und das herbe Geschehen des Alten Testaments und die Kraft, die aus der Weite des Landes und des Himmels zu ihm kommt, aus dem schweigenden Verharren in der Natur und aus der «Bruderliebe zum stummen Geschöpf». Aber das Wichtigste ist das, was dieses Kind selbst mitbringt: die Ruhe des Ausharrens und Wartens, die schweigende Umsicht, die Stille und Bescheidenheit, die Sicherheit und Würde in seiner Armut. Ein solcher Mensch nur kann in seiner frühesten Jugend durch das Todeserlebnis so zum Hirtenamt hin berufen und aufgeschlossen werden. Ein solcher Mensch kann von da aus im Leben zu besonderer Haltung des Bewahrens, Heilens und der Treue erwachsen.»

Hinsichtlich einer Kennzeichnung literaturpädagogischer Positionen der 50iger Jahre ist dieser Auszug deshalb so signifikant, weil hier in geradezu penetranter Weise Literaturbehandlung einseitig in den Dienst moralischer Lebens- bzw. Erbauungshilfe gestellt wird. Literarische Qualität bemißt sich dabei stillschweigend nach dem Grad des moralischen Inhaltspotentials. Aspekte der ästhetischen Dimension bleiben entweder außerhalb der Betrachtung oder werden unkritisch, d. h. auch unangemessen verwendet: «Aber hier umschreibt eine feierlich-ruhige, gehobene Sprache eine in sich geschlossene innere und äußere Welt, die des Knaben

Michael» (Z. 3f). Die Brüchigkeit des Wiechertschen Sprachgestus' (s. 4. 2. 1) bleibt bei solcher Art pädagogischer Verwendungsabsicht notwendigerweise unerkannt.

4.2.1 Zu einem Wertungsversuch Johannes Pfeiffers

Interessant ist demgegenüber zu beobachten, wie außerhalb der Literaturpädagogik die ästhetische Demontage[3] Wiecherts schon relativ früh einsetzte. Bereits 1953 verweist Johannes Pfeiffer auf die ästhetische Schwäche der «Hirtennovelle». Als Basis dient ihm zunächst der Eingangstext der Novelle.

aus: Ernst Wiechert, Hirtennovelle[4]

«Seinen Vater erschlug ein stürzender Baum um die Mittagszeit eines blauen Sommertages. Ihm allein war bestimmt, vom Rande der Lichtung aus zuzusehen, wie der Wipfel der hohen Fichte zu beben begann, und wie sie, ohne hin und her zu schwanken wie sonst, sich plötzlich einmal um sich selbst zu drehen schien, ganz schnell, mit waagerecht kreisenden Zweigen, bevor sie niederbrauste gleich einem aus den Fundamenten geworfenen Turm und mit dem Donner ihres Sturzes den leisen Schrei verschlang, der zu ihren Füßen aufstand gegen das niederbrechende grüne Gebirge.

Die Lippen halb geöffnet, an denen der Saft der Heidelbeeren noch nicht getrocknet war, stand das Kind, dem Anblick des Gewaltigen hingegeben, und erzitterte mit der Erde, auf der es mit bloßen Füßen stand, bis die Wolke aus Blütenstaub im leisen Wind waldeinwärts gezogen war und das Grüne und Ungeheure nun regungslos quer über die Lichtung geschleudert lag. . . .

Erst nach einer Weile, sich vorwärtstastend in der grünen Wildnis gesplitterter Äste, fand das Kind den Vater und den Soldaten. Den einen still auf dem Rücken ruhend, die Axt noch in den Händen, einen schmalen roten Strich zwischen den Lippen, obwohl keine Beeren in dem zerschlagenen Moos zu erblicken waren. Den andern auf dem Gesicht ruhend, die Arme ausgebreitet, indes ein Fichtenast, stark wie ein junger Baum, sich über seinen Rücken gelegt hatte, der merkwürdig flach und wie verwelkt unter dem rötlichbraunen Joch erschien.

Eine Weile suchte das Kind noch nach dem Stiel der Axt, aus dem der Soldat den Tod auf sie zu schicken pflegte, fand ihn aber nicht, stellte den blauen Paartopf mit Suppe und Fleisch in den Schatten des gestürzten Stammes und setzte sich dann bei seinem Vater nieder, in Geduld erwartend, wie dies seltsame Versteckspiel nun zu Ende gehen würde.

Über die zur Erde geneigte Stirn des Toten senkte sich, auf eine wunderbare Weise unversehrt, ein Stengel mit Glockenblumen, und von dem zart geäderten Blau dieser Blüten ging der Blick des Kindes zu der erstaunlichen Weiße der beschatteten Stirn und wieder zurück. In dem grünen Haus, auf dessen Schwelle es saß, zitterten goldene Flecken der Sonne, die ihm hoch im Rücken stand. Aus den weißen Bruchstellen der Äste tropfte schon mit starkem Geruch hellgelbes Harz, und der Leib einer Eidechse glitt schimmernd, mit atmenden Flanken an den Händen des Vaters vorbei. Und nach einer Weile, indes der Ruf des Pirols mit süßer Eintönigkeit über den Wald gefallen war, wußte das Kind sich nichts Besseres, als es den beiden Großen nachzutun, die Augen halb zu schließen und in einen dämmernden Schlaf zu gleiten, aus dem ja wohl einer von ihnen, des Spiels müde, zuerst in das alte Leben wieder treten würde.»

aus: Johannes Pfeiffer, Ernst Wiechert, Hirtennovelle, Unechter Legendenstil[5]

«. . . Wenn wir empfänglich und empfindlich sind für die Weise der Gestaltung, dann spüren wir, wie aufgehöht, wie gestellt und gemacht das alles ist und wie die Stilisierung des Vorgangs aufs Alttestamentarisch-Legendäre hin zu etwas führt, das man doch wohl nur als bedeutsames Getue bezeichnen kann. Es handelt sich also um einen Mangel an Echtheit: der aber ist schwer zu fassen und aufzuweisen. . . . Weist man nun hin auf Stellen oder Wendungen, in denen der Widerspruch zwischen Thema und Ton, zwischen Motiv und Gebärde, sprachlich zutagetritt, dann erfüllen sich solche Hinweise doch immer erst in der entgegenkommenden Bereitschaft dessen, an den sie sich jeweils wenden und der sie mit der Substanz seines eigenen Lebens zu bewähren hat. Gleich der Eingang der Novelle gibt ein Beispiel dafür, wie sich die dargestellte Situation durch geschmäcklerisches Auskosten zu einer bedeutsam-zurechtgemachten Draperie verflüchtigt . . . Es ist deutlich, wie hier die selbstzweckliche Ausmalung den vorschwebenden Eindruck herauslöst aus der Ganzheit des Dargestellten und ihn damit entwertet zu einem ornamentalen Arrangement.»

Es erscheint uns heute problematisch, hinsichtlich literaturwissenschäftlicher Analyse oder ‹kritischer Interpretation›, wenn ein zwar im Fazit richtiger Wertungsversuch sich auf Kriterien stützt, die allzu deutlich dem subjektiven Empfinden des Interpreten entspringen und so gesehen zu wenig rational und analytisch abgesichert sind. Da findet sich zunächst die Äußerung bei Pfeiffer: «. . . spüren wir, wie aufgehöht, wie gestellt und gemacht das alles ist» (P., Z. 2). Diese anfänglichen Wertungsattribute gipfeln dann in dem Begriff des «bedeutsamen Getue(s»)» (P., Z. 4f). Zunächst begrifflich signifikant für die Art dieses Wertungsverfahrens ist das irrationale Geschmacks- und Rezeptionskriterium des «spüren». Es muß gesehen werden, daß diese Wertungsaussagen bereits abzielen auf das aus der Optik Pfeiffers entscheidende und völlig angemessene Negativkriterium des Textes, nämlich den «Widerspruch zwischen Thema und Ton» (P., Z. 7). Gemeint ist damit eine «erspürte» Diskrepanz der Darstellung zwischen freundlicher Naturschilderung und entsetzlichem Todesgeschehen. Vor allem dieses Wertungskriterium aber beruht, was noch analytisch demonstriert werden muß, auf unzureichender ‹kritischer Interpretation›. Das heißt, das ‹empfundene› Kriterium des «Widerspruchs» oder der ‹Diskrepanz› wird isoliert und zugleich verabsolutiert, ohne seine mögliche Intentionalität, d. h. seinen instrumentalen sowie funktionalen Verwendungszusammenhang zu bedenken. Dies meint konkret: eine Deutung des Wiechert-Textes hätte sich unter die fundamentale Prämisse zu stellen, daß die Schilderung der dem Text eingelagerten Vorgänge aus der Perspektive des Kindes erfolgen soll, und eine ästhetische Wertungsanalyse des Textes müßte dann exakt nachprüfen, ob die Kindperspektive konsequent durchgehalten wird. Genau dies unternimmt Pfeiffer nicht, und so erscheint seine ästhetische Abwertung des Textes zwar im Ergebnis richtig, aber analytisch wenig schlüssig, da Textintention und -struktur nicht erfaßt werden.

Im folgenden soll nun der Versuch einer detaillierten Kritik der Pfeifferschen Wertungsaussagen vorgenommen werden bei gleichzeitiger Erstellung neuer Wertungskonstituenten: und zwar durch eine exakt am Text entlanggehende ‹kritische Interpretation› seiner Formanten sowie ihrer Intentionalität. Bei genauem Zusehen bietet der Text selbst in ausreichendem Maße Signale, die den angedeuteten Interpretationsansatz ‹Kindperspektive› stützen. So heißt es zu Anfang der Novelle: «Ihm allein war bestimmt, vom Rande der Lichtung aus zuzusehen» (W., Z. 2). Wenngleich auch die sprachliche Aufblähung des «Ihm allein war bestimmt» und der dieser Stelle kontrastierende Berichtstil des Eingangsatzes «Seinen Vater erschlug . . .» negativ auffallen, so darf jedoch die in der bezeichnenden Wendung «vom Rande der Lichtung aus zuzusehen» signalisierte Kindoptik nicht übersehen werden. Der Text liefert weitere Anhaltspunkte für die Adaption dieses Deutungsaspektes: «Erst nach einer Weile . . . fand das Kind den Vater und den Soldaten. Den einen still auf dem Rücken ruhend . . ., einen schmalen roten Strich zwischen den Lippen, obwohl keine Beeren in dem zerschlagenen Moos zu erblicken waren. Den andern auf dem Gesicht ruhend . . .» (W., Z. 15f). Der Eindruck der «Ruhe» und die Assoziation der «Beeren» – ihre Akausalität verhindert nicht die Täuschung: «obwohl keine Beeren . . . zu erblicken waren» –, die für den «schmalen roten Strich zwischen den Lippen» verantwortlich gemacht werden, bezeichnen die naive kindliche Optik. Daß es sich um Blut handelt, bleibt unregistriert. Aber wie verfährt Wiechert erzählerisch dabei? Er übersteigt seinen Erzähler und damit die Perspektive des Kindes, indem er grammatisch den erläuternden Konzessivsatz einflicht («Obwohl»), um so dem Leser die Autorintention verdeutlichen zu können: nämlich Demonstration der kindlichen Naivität. Niemals aber kann der Junge die Erklärung selbst reflektieren. Genau hier liegt die entscheidende Schwäche des Textes, konstituiert durch die mangelnde ästhetische Stringenz oder Durchorganisation der Kindperspektive. Dem Kind ist also der Ernst der Situation nicht bewußt. Im Gegenteil, es begreift sie als Spiel: «. . . und setzte sich bei seinem Vater nieder, in Geduld erwartend, wie dieses seltsame Versteckspiel nun zu Ende gehen würde» (W., Z. 26f). Die Möglichkeit des Todes bleibt insofern ausgespart, als der Eindruck der «Ruhe» die Deutung des «Versteckspiels» assoziiert, das wiederum mit dem Attribut der Kurzfristigkeit belegt wird, denn die bezeichnende Wendung» . . . stellte den blauen Paartopf mit Suppe und Fleisch in den Schatten des gestürzten Stammes» (W., Z. 24f) zeigt an, daß die baldige ‹Rückkehr› der beiden ins Leben erwartet wird. Der Eindruck vom Spielcharakter der Szene erhält sich auch noch, als einige Zeit verronnen ist: «. . . wußte das Kind sich nichts Besseres, als es den beiden Großen nachzutun, die Augen halb zu schließen und in einen dämmernden Schlaf zu gleiten, aus dem ja wohl einer von ihnen, des Spiels müde, zuerst in das alte Leben wieder treten würde» (W., Z. 37f). Der Konjunktiv demonstriert grammatisch die Perspektive des Kindes, das sich nun, des Wartens überdrüssig, in das ‹Versteckspiel› aktiv miteinzulassen trachtet.

Genau in dem Diskussionszusammenhang der Erlebnisoptik des Kindes müßte zunächst, ohne voreiliges Verdikt, auch die Deutung der scheinbar dem furchtbaren Ereignis kontrastierenden freundlichen Naturelemente anzusetzen haben. Der mögliche Vorwurf der Beschönigung desselben – etwa schon formuliert durch den anfänglichen «blauen Sommertag» – oder gar der pervertierten Idyllik erscheint haltlos auf dem Hintergrund der Erkenntnis, daß das Kind nicht die Schrecklichkeit des Geschehnisses erlebt, sondern die Erhabenheit und Besonderheit eines Schau-‹spiels›, in das es die ‹großen› sowie ‹kleinen› Naturaspekte auf magische Weise verflicht. Beispielhaft für die besondere Erlebnisweise des Kindes hat nach derAutorintention bereits der Anfang der Novelle zu stehen: «Ihm allein war bestimmt, vom Rande der Lichtung aus zuzusehen, wie der Wipfel der hohen Fichte zu beben begann, und wie sie . . . sich plötzlich einmal um sich selbst zu drehen schien . . ., bevor sie niederbrauste gleich einem aus den Fundamenten geworfenen Turm und mit dem Donner ihres Sturzes den leisen Schrei verschlang, der zu ihren Füßen aufstand gegen das niederbrechende grüne Gebirge» (W., Z. 2f). Wer das Dargestellte allerdings pauschal als «geschmäcklerisches Auskosten» und als «bedeutsam-zurechtgemachte Draperie» (P., Z. 12f) abtut wie Johannes Pfeiffer, ohne die Basis für die genannten Wertungsattribute exakt-interpretativ erarbeitet zu haben, verkennt zunächst die grundsätzliche Funktion des Erzählten: der Naturvorgang soll nämlich dem Erlebnisvorgang des Kindes korrespondieren. Nur: mit welchem der Kindperspektive kontrastierenden sprachlich-ästhetischen Aufwand ist dieser breitangelegte Vergleich gestaltet? Deutlich verrät sich darin das Dazwischensprechen des Autors, der durch ‹Effektkumulation›, um eine traditionelle Wertungskategorie Walther Killys zu bemühen, auf Wirkung aus ist.[6] Die lyrisierte, d. h. rhythmisierte Sprache des gedehnten syntaktischen Gefüges – hier und da läßt es sich jambisch sowie daktylisch skandieren –, ferner die getragene Stilisierung der Aussage und der prätentiöse bildhafte Vergleich sollen zwar unmittelbarer Ausdruck des ‹gewaltig›-erhabenen Eindrucks sein, den das Naturereignis des niederstürzenden Baumes auf den Jungen gemacht hat: «Die Lippen halb geöffnet . . . stand das Kind, dem Anblick des Gewaltigen hingegeben» (W., Z. 9f). Sicherlich: das «die Lippen halb geöffnet» ist der mimische Reflex auf die Intensität des Erlebnisses, d. h. ist Ausdruck des Betroffenseins von dem elementaren Naturvorgang, der zunächst nur als solcher erlebt und damit isoliert wird, ohne daß seine grausamen Auswirkungen registriert werden. Aber, so ließe sich kritisch fragen, hat das Kind einen solchen Turmsturz je gesehen, ist die Vokabel «Fundament» kindgemäß, kann ein Kind denken, daß «ein leiser Schrei aufstand»? Ferner ist der Autor unmittelbar anwesend in der Wendung «dem Anblick des Gewaltigen hingegeben». Überdies wäre für diesen Wertungszusammenhang sogar die in anderen Bezügen eventuell zu problematisierende traditionelle Kategorie Walther Killys, nämlich «Lyrisierung», tragfähig.

Ebenfalls die ‹kleineren› Attribute der Naturdarstellung müssen zunächst gesehen werden in ihrem funktionalen Bezug zur kindhaften Erlebnisstruktur, die, frei von ‹tragischem› und problematischem Bewußtsein, die Welt als harmlos, harmonisch und ‹unversehrbar› erachtet: «Über die zur Erde geneigte Stirn des Toten senkte sich, auf eine wunderbare Weise unversehrt, ein Stengel mit Glockenblumen, und von dem zart geäderten Blau der Blüten ging der Blick des Kindes zu der erstaunlichen Weiße der beschatteten Stirn und wieder zurück» (W., Z. 28f). Natur und Mensch sind hier in der Weise aufeinander bezogen, als ‹Unversehrtheit› und Intaktheit der Natur unmittelbar auf den menschlichen Bereich übertragen werden. Das Hin und Her des Blicks signalisiert diesen Transfer. Mögliche Disharmonien sind der kindlichen Vorstellung fremd. Damit bleibt das Entsetzliche dieser Situation notwendig außerhalb der Optik des Kindes, das somit nicht aus seinem Zufriedenheits- und Glückshabitus herausgenommen ist. Genau dies sollen indirekt auch die folgenden Naturvorgänge widerspiegeln: «In dem grünen Haus, auf dessen Schwelle es saß, zitterten goldene Flecken der Sonne . . . Aus den weißen Bruchstellen der Äste tropfte schon mit starkem Geruch hellgelbes Harz, und der Leib einer Eidechse glitt schimmernd, mit atmenden Flanken an den Händen des Vaters vorbei» (W., Z. 31f). Es wäre abwegig, hier sogleich die negativen Wertungsaspekte «selbstzweckliche Ausmalung» und «ornamentales Arrangement» (P., Z. 14f) einbringen zu wollen, wie Pfeiffer es unternimmt, denn die genannten Kriterien verstellen den Blick für die Bestimmung der Erzählfunktion der genannten Textstellen. Es fragt sich nur, ob sie ästhetisch gelungen sind. Auch hier drängt sich der Verdacht auf, daß primär auf emotionale Wirkungseffekte hin erzählt worden ist. Dies legt zum einen die Häufung der lyrischen Alliterationen nahe («wunderbare Weise», «Blau», «Blüten», «Blick»), zum andern die Tatsache, daß ein Kind so nicht beobachtet («auf wunderbare Weise unversehrt»).

Der Mangel der Wertungsaussagen Johannes Pfeiffers ist somit allgemein darin zu sehen, daß explizite Wertung nicht erfolgt aufgrund exakter ‹kritischer› Interpretation[7], und im besonderen darin, daß er den entscheidenden Deutungsaspekt der Kindperspektive hier übersehen hat. Dies ist umso befremdlicher, als er an einer späteren Stelle seines Wertungsentwurfs in anderen Deutungszusammenhängen diese bedeutsame Interpretationsprämisse durchaus adäquat in Anwendung bringt: «Aus der Perspektive dieses dumpfen und schlichten Hirtenknaben erscheint solch ein geistvoll-spielerischer und skurriler Einfall denn doch wohl wenig überzeugend»[8]. Unschwer ersieht man aus der hier vorgeführten kritischen Interpretation, daß das pauschale Anlegen der Diskrepanz von entsetzlicher Thematik und freundlicher Schilderungsart oder des Widerspruchs zwischen «Thema und Ton» sowie zwischen «Motiv und Gebärde» (P., Z. 7f) als Wertungsmaßstab zu undifferenziert ist, gemessen am Deutungsaspekt der Kindperspektive und an der kritischen Bewertung derselben hinsichtlich ihrer unzureichenden ästhetischen Gestaltung. Von daher gesehen muß die Weise der von Pfeiffer vollzogenen Abwertung des Textes problematisch erscheinen, denn die ästhetische Schwäche der «Hirtennovelle» gründet sich primär auf das unstatthafte Konglomerat von intendierter Kindperspektive und ständiger Störung derselben durch den allwissenden Autor. Dies bewirkt letztlich das Preziöse und Verlogene des Textinhaltes. Ebenso eignet sich primär nicht für eine Abwertung des Wiechert-Textes die aus einem normativen Dichtungsverständnis eruierende Pauschalkategorie des «Mangels an Echtheit» (P., Z. 5) oder der Unechtheit, wie sie der Oppositionskatalog der Pfeifferschen Wertungstheorie[9] anbietet; vor allem eignet sie sich dann nicht, wenn sie nur eindruckshaft und nicht kritisch-analytisch vermittelt wird. Der Wertungsentwurf Pfeiffers ist begrifflich zu unscharf, zudem weniger ästhetisch-funktionaler als vielmehr moralischer Begründung entstammend. In diesem Punkt ist der neueren Literaturwissenschaft recht zu geben, wenn sie den «metaphysischen» Standort der Wertungskompetenz immanenter Poetologie geißelt[10]. Dabei ist allerdings weniger erheblich der vorgebrachte Einwand gegen die traditionelle Aufstellung eines überzeitlich gültigen Wertungskatalogs oder gegen die Abstinenz von historischer Relativierung des Wertungssystems, denn immerhin konnte hier auch auf textimmanenter Ebene Schwäche und Problematik der traditionellen Wertungsästhetik, zumindest am Beispiel eines ihrer Vertreter, aufgewiesen werden[11]. Vielmehr scheint der entscheidende Mangel eines Teils der immanenten Wertungstheorie und Wertungspraxis in der Isolierung einzelner Wertungskategorien zu liegen, die ohne Berücksichtigung ihres zunächst zu interpretierenden instrumentellen Funktionszusammenhangs angelegt werden[12]; ferner in der semantischen Unschärfe des bereitgestellten Kriterienmaterials und seiner Kopplung an ein ästhetischen ‹Gespür›, das zudem verflochten ist mit existentiell-moralischen Wertnormen. So wird von Pfeiffer literarische Sensibilität zur Ausgangsbasis des Wertungsprozesses erklärt: «. . . Wenn wir empfänglich und empfindlich sind für die Weise der Gestaltung, dann spüren wir . . .» (P., Z. 1). Ästhetische Sensibilität kann aber auch, vor allem wenn sie mit existentiell-moralischen Kriterien operiert («. . . und der sie mit der Substanz seines eigenen Lebens zu bewähren hat» (P., Z. 10f), zu unangemessenen Deutungs- und Wertungsverkürzungen führen. Wie unsicher und wie wenig wissenschaftlich beweiskräftig ein solches Wertungsverfahren ist, verrät Pfeiffer paradoxerweise selbst in dem seltsam widersprüchlichen Eingeständnis: «Es handelt sich also um einen Mangel an Echtheit: der aber ist schwer zu fassen und aufzuweisen» (P., Z. 5). Wertung wird somit, gemäß dieses Eingeständnisses, letztlich verwiesen an die irrationale Wertungsinstanz eines Interpreten, der sich zwar theoretisch seiner nicht ganz sicher ist, aber dennoch im praktisch-wertenden Umgang mit Texten massive Wertungsaussagen wagt.

4.2.2 Zur Kritik Norbert Mecklenburgs an Walter Müller-Seidels «Rettungsversuch» Wiecherts

Im Gegensatz zur ästhetischen Kritik Johannes Pfeiffers unternimmt Walter Müller-Seidel zunächst den Versuch, Wiecherts «Hirtennovelle» insofern Gerechtigkeit widerfahren zu lassen, als er, ausgehend vom zeitgeschichtlichen Hintergrund, für eine Berücksichtigung des Zusammenhangs von Autor und Werk plädiert. aus: Müller-Seidel, Walter: Probleme der literarischen Wertung[13]

«Wir sprechen von Ernst Wiechert und seiner ‹Hirtennovelle› und möchten vorausschicken, daß eine ‹Erledigung› seiner schriftstellerischen Leistung keine literarhistorische Leistung ist. Sie ist heute billig zu haben, manchmal allzu billig. . . . Der Fall Wiechert ist außerdem kompliziert. Es ist nämlich sehr die Frage, ob es erlaubt ist, der Person die Reverenz zu erweisen, die 1937 für Martin Niemöller Partei ergriff und dafür ins Konzentrationslager gebracht wurde, und das literarische Werk so zu behandeln, als hätte das eine nichts mit dem anderen zu tun. Wiechert wurde nicht als Privatperson ins Konzentrationslager eingeliefert, sondern als deutscher Schriftsteller

> nun doch – ob es den Vereinfachern paßt oder nicht. Seine Erzählungen sind nicht neben der Zeit entstanden. Zwischen der literarischen Produktion und der Einlieferung ins Konzentrationslager besteht ein innerer Zusammenhang. . . . Uns geht es zunächst um die Frage des Wahrseins in einer Literatur, die möglicherweise vom Vorwurf der Wirklichkeitsflucht nicht freizusprechen ist. Dieser Vorwurf ist im Fall der Hirtennovelle nicht leichtfertig zu erheben. Die Zeitbezüge sind offenkundig. Sie machen die Erzählung zum Zeitdokument, und als solches ist sie hochinteressant. . . . Wiecherts Hirtennovelle ist keine Literatur der Résistance. Sie ist aber auch kein schweigendes Einverständnis mit dem, was um 1935 in Deutschland schreckliche Wirklichkeit war. . . . trotz des heldischen Hirtentodes am Ende ist ihr ein optimistischer Grundton eigen; eine Hoffnung auf Änderung des Bestehenden.»

Bei allem Respekt vor Müller-Seidels subjektivem Bekenntnis zu Wiecherts ehrenhaftem Verhalten im Dritten Reich wird man den Eindruck einer krampfhaften Bemühung um Rehabilitierung nicht los. Der hier unternommene Versuch einer anthropologischen Wertung hält kritischer Analyse nicht stand. Das Verhältnis von Autor und Werk ist unscharf und undifferenziert gefaßt, wenn beide Kategorien als völlig identisch vorausgesetzt sind. Autor und Werk muß man zwar als Einheit sehen, indem die Subjektivität des Fühlens sowie Denkens eines Autors auch seine Werkinhalte mitkonstituiert; dennoch aber dürfen sie ontologisch nicht als völlig identisch angesehen werden. Die ästhetische Diskreditierung eines Werkes bedeutet nicht zwangsläufig die moralische seines Autors. Ehrenwerte Dichter müssen nicht zugleich auch große Künstler sein. Das Verhältnis könnte ebenso umgekehrt gesehen werden. Konkret heißt dies hier folgendes: Wenn die Literaturkritik Wiecherts schriftstellerische Leistung, insbesondere auch seine «Hirtennovelle», erledigt hat, so impliziert dies nicht, daß damit zugleich sein vorbildliches Verhalten im Nationalsozialismus diskreditiert sei. Andererseits kann aber sein verantwortungsbewußtes Eintreten für Martin Niemöller und der sich dafür eingehandelte Gang ins Konzentrationslager nun nicht in der Weise beansprucht werden, daß in einem Atemzuge damit seine dichterisch-künstlerische Leistung gelobt wird, selbst wenn man sein Anliegen als antinationalsozialistisch begreift: «Es ist nämlich sehr die Frage, ob es erlaubt ist, der Person die Reverenz zu erweisen, die 1937 für Martin Niemöller Partei ergriff und dafür ins Konzentrationslager gebracht wurde, und das literarische Werk so zu behandeln, als hätte das eine nichts mit dem anderen zu tun»

(M.-S., Z. 4f). Gut gemeint bedeutet ja bekanntlich nach Gottfried Benn das Gegenteil von Kunst. Mit anderen Worten: ästhetische Attribute eines Werkes sind nicht apriori gleichzusetzen mit den moralischen bzw. humanitären seines Autors.

Darüber hinaus erweist sich die Paradoxie des gesamten Wertungsentwurfs Müller-Seidels darin, daß er die «Hirtennovelle», ästhetisch gesehen, unmißverständlich abqualifiziert, wenn er im Anschluß an seinen anthropologischen Rettungsversuch formuliert: «. . . Denn erzähltechnisch ist das Ganze von einer Einfachheit, die man nur als primitiv bezeichnen kann»[14]. Paradox ist der Wertungsentwurf Müller-Seidels deshalb, weil hier Form bzw. Gestalt gegen Aussage bzw. Gehalt und umgekehrt ausgespielt wird, obwohl beide, gerade auch auf der Basis der traditionellen Ästhetik oder immanenten Kunsttheorie, als Konstituenten einer unlöslichen Einheit des literarischen Werkes erachtet werden.

Hinzu kommt, daß Müller-Seidels unter der zeit- sowie biographiegeschichtlichen Optik zustande gekommene positive Einschätzung der thematischen Seite der «Hirtennovelle», rezeptionsästhetisch gesehen, schon deshalb unangemessen ist, weil die nationalsozialistische Kritik Wiecherts Novelle geradezu für ihre eigenen ideologischen Interessen beansprucht hat. Wie kann Müller-Seidel behaupten, daß ihr «ein optimistischer Grundton . . ., eine Hoffnung auf Änderung des Bestehenden» (M.-S., Z. 21f) eigen sei, wenn der Nationalsozialismus die Novelle als «Aufruf zu völkischem Einsatz»[15] mißversteht? Müller-Seidel hat es versäumt, seine thematische Wertschätzung mittels sorgfältiger ideologiekritischer Analyse abzustützen und somit ästhetische Kritik durch Ideologiekritik zu ergänzen.
aus: Mecklenburg, Norbert: Kritisches Interpretieren[16]

«Daß die Wahrheit der Dichtung, insbesondere ihr Wirklichkeitsbezug, inhaltliche Phänomene wie Eskapismus oder Tendenzliteratur . . . ohne die Berücksichtigung der Dialektik von Dichtung und Ideologie nicht zureichend untersucht werden können, zeigen die ganz unbefriedigenden Exkurse Müller-Seidels zu Wiechert . . . Die Wiechert-Kritik hat zwar die ästhetischen Unzulänglichkeiten dieses Autors so deutlich gemacht, daß auch der mühsame Rettungsversuch Müller-Seidels, der in der ‹Hirtennovelle› (1935) zeitkritische Anspielungen finden will, nichts zu ändern vermag. Ein solcher Versuch kann gar nicht ernst genommen werden, wo konsequente kritische Interpretation zeigt, daß sich . . . hinter ihrer (der

Hirtennovelle) gut gemeinten Didaktik, ihrer ‹Hoffnung auf Änderung des Bestehenden› ein Bewußtsein verbirgt, das falsch ist nicht deswegen, weil es ‹vereinfacht› ist, sondern weil es der nationalsozialistischen Ideologie viel zu konform ist, als daß es ihr wirksam hätte widerstehen können. Eine um die ideologiekritische Dimension verkürzte Wiechert-Kritik muß dafür blind sein, daß das gut Gemeinte nicht gut genug war, um Kunstbetrachter davon abzuhalten, es als Aufruf zu völkischer Mobilmachung zu interpretieren. . . . Das ist nur möglich, weil die Novelle selbst dazu Anhaltspunkte bietet. Das Ideologische an ihr wird greifbar in der Brüchigkeit des künstlich angehängten tragisch gemeinten Endes. Der zum guten Hirten emporstilisierte Hütejunge Michael stirbt ja gar nicht für sein bedrohtes Lamm, sondern für die spätere Leichenrede des Lehrers Elwenspök, die den sinnlosen Tod des Jungen mit nationalen Klängen als exemplarisches Opfer für die Gemeinschaft feiert.»

Mecklenburg hat recht, wenn er zusammenfassend gegen Müller-Seidel feststellt, daß «im Fall Wiechert die Ergänzungsbedürftigkeit der Literaturkritik durch Ideologiekritik»[17] deutlich werde. Es kann nicht angehen, im Wertungsprozeß eine derartige Trennung vorzunehmen, bei der die ästhetische Dimension diskreditiert und die thematische mit besonderer Wertschätzung versehen wird. Dies ist deshalb unstatthaft, weil, kunsttheoretisch gesehen, beide einander bedingen. Mißverständnisse entstehen nämlich vor allem dann, wenn die thematische Intention des Autors nicht ästhetisch stringent organisiert ist. Dieser Fall scheint insbesondere bei Wiecherts «Hirtennovelle» vorzuliegen. Die nationalsozialistische Fehlinterpretation konnte letztlich nur deshalb stattfinden, weil die Novelle selbst dafür Anhaltspunkte bietet, indem sie nämlich, wenngleich auch vom Autor unbeabsichtigt, der Ideologie des Nationalsozialismus nur zu konform ist: «. . . sondern weil es der nationalsozialistischen Ideologie viel zu konform ist, als daß es ihr wirksam hätte widerstehen können» (M., Z. 13f). Dies soll im folgenden an einer sprach- sowie ideologiekritischen Analyse der ästhetischen Brüchigkeit der Totenrede des Lehrers Elwenspök am Ende der Novelle verdeutlicht werden, denn gerade die Art der sprachlichen sowie inhaltlichen Verfaßtheit dieser Rede gibt Anlaß zu schwerwiegenden Mißverständnissen.
aus: Ernst Wiechert, Hirtennovelle[18]

«Es sei nicht das Vaterland gewesen, sagte er, für das dieser junge und adlige Mensch gefallen sei, nicht der Kaiser und nicht ein Thron oder Altar dieser Erde. Sondern er sei für das Lamm des armen Mannes gefallen, von dem in der Bibel geschrieben stehe. Und in diesem Lamm des armen

Mannes seien nun allerdings alle Vaterländer und Kronen dieser Erde beschlossen, denn keinem Hirten dieser Welt könne Größeres beschieden sein als der Tod für das Ärmste seiner Herde. In diesem jungen Leben sei auf eine herrliche Weise gewesen, wozu die andern siebzig und achtzig Jahre zu brauchen pflegten: der Kampf, die Liebe und der tapfere Tod. Und er selbst, als ein alter Mann, bekenne an diesem Grabe, daß die späte und milde Sonne seines Abends ihm von diesem Kinde gekommen sei. Das deutsche Land aber, über dem nun die dunkle Wolke des Krieges und der bitteren Not ohne Erbarmen stehe, könne von Gott nicht zum Untergange bestimmt sein, nachdem derselbe Gott in die Ärmsten und Geringsten dieser deutschen Erde eine Seele gelegt habe, wie sie in diesem jungen Hirten geleuchtet und gebrannt habe. Und nichts anderes könne er beten an diesem jungen Grabe, als daß die Seele dieses Toten allezeit über dem Dorfe wie über dem ganzen Vaterland leben möge. Dann werde, in fernen kommenden Zeiten vielleicht, es von selbst sich fügen, daß das Wesen solcher Seele alle Länder durchdringen und dazu helfen werde, die Herrschaft dessen aufzurichten, der das Lamm Gottes genannt worden sei.»

Die ästhetische Brüchigkeit dieser Rede erweist sich in der Diskrepanz von eigentlicher Autorintention und sprachlicher Verifikation. Letztere gibt den Ausschlag für die Leserrezeption und steuert damit das Mißverstehen des zeitgenössischen Lesers, der, den nationalsozialistischen Jargon ständig im Ohr, durch Wiecherts Text an allzu vertraute ‹Klänge› erinnert wird: «Der zum guten Hirten emporstilisierte Hütejunge Michael stirbt ja gar nicht für sein bedrohtes Land, sondern für die spätere Leichenrede des Lehrers Elwenspök, die den sinnlosen Tod des Jungen mit nationalen Klängen als exemplarisches Opfer für die Gemeinschaft feiert» (M., Z. 20f). Der feierlich-pathetische Hymnus auf den Tod des Hirtenknaben läßt die Absicht des Autors, nämlich die religiöse – nicht etwa völkische – Motivation des Opfertods und seine übernational-humanitäre Wirkung im Leseerlebnis in den Hintergrund treten. Was im Bewußtsein des Lesers haftenbleibt, ist lediglich der allgemeine Eindruck vom tapferen Tod des Hirtenknaben, der, zum Helden ‹emporstilisiert›, somit als Vorbild gesehen wird. Daß in solchem Rezeptionsprozeß eine mögliche Fehlinterpretation angelegt ist, indem der Leser der NS-Zeit einen «Aufruf zu völkischem Einsatz» assoziieren kann, dafür sorgt Wiechert selbst, wenn er den Lehrer Elwenspök so sprechen läßt: «Das deutsche Land aber, über dem nun die dunkle Wolke des Krieges und der bitteren Not ohne Erbarmen stehe, könne von Gott nicht zum Untergange bestimmt sein, nachdem derselbe Gott in die Ärmsten und Geringsten dieser deutschen Erde eine Seele gelegt habe, wie sie in diesem jungen Hirten geleuchtet und gebrannt habe» (W., Z. 11f). Inhaltlich wie sprachlich verstellt Wiechert selbst dem Leser den Zugang zum Verständnis dieser Sentenz. Der eigentliche Kern der Aussage, nämlich die mögliche religiöse Erneuerung Deutschlands durch solch vorbildliches Verhalten des Hirtenknaben, wird letztlich verschleiert durch eine unterschwellig provozierte Selbstbemitleidung angesichts des Kriegsdilemmas sowie durch den notwendig sich einstellenden Eindruck totaler Schuldlosigkeit. Zugleich fällt die eigentliche Aussageabsicht hinter den Topos der Siegesversion zurück («könne von Gott nicht zum Untergange bestimmt sein», W., Z. 13), den die verantwortlichen Repräsentanten der nationalsozialistischen Ideologie ohnehin stets verkündeten. Vor allem aber ist der Text sprachlich nicht in der Lage, den Leser auf kritische Distanz dem Nationalsozialismus gegenüber einzuschwören. Dazu sind die pathetischen Verben und Substantive («leuchtet», «gebrannt», «Kampf», «tapferer Tod») viel zu konform der nationalsozialistischen Terminologie sowie Sprachregelung. Insgesamt korrespondiert der feierliche Duktus dieser Sprache, wie er sich zudem in der Rhythmisierung der Syntax, der Prätentiösität des Konjunktivs sowie der pathetischen Wortwahl manifestiert, viel zu sehr dem Beschwörungscharakter nationalsozialistischer Rhetorik, und er bindet den zeitgenössischen Leser damit unbewußt ein in die Ideologie des NS-Regimes. Auf diese Weise wird kritisches Bewußtsein, das zum Träger der «Hoffnung auf Änderung des Bestehenden» (M.-S., Z. 21f) werden könnte, nicht erzeugt. So gesehen bleibt die «Hirtennovelle» entgegen ihrer eigentlichen didaktischen Absicht letztlich affirmativ, d. h. sie stabilisiert die nationalsozialistischen Verhältnisse, anstatt, gemäß der Absicht ihres Autors, im Leser Bereitschaft zur Veränderung zu provozieren. Damit produziert Wiecherts Text, ideologiekritisch gesehen, ‹falsches Bewußtsein›.

4.2.3 Didaktisch-methodische Hinweise

Voraussetzungen

Eine differenzierte Einschätzung und kritische Analyse der Wertungen Pfeiffers, Müller-Seidels und Mecklenburgs setzt einige wertungstheoretische Kenntnisse voraus (s. Thesenpapier,

Kap. 4.1.4). Hinsichtlich ihrer unterrichtspraktischen Vermittlung ist vor allem an kooperative Unterrichtsformen zu denken. So könnte die Wertungstheorie Pfeiffers und Müller-Seidels[19] jeweils durch Referate vorgestellt werden. Die Mecklenburgsche Theorie allerdings sollte aus Gründen möglicher Verstehensschwierigkeiten auf der Basis des Thesenpapiers vom Lehrer selbst eingegeben und erläutert werden. In ihren Referaten hätten die Schüler besonders abzuheben auf die jeweiligen Wertungskriterien und ihre genauere Explikation; bei Pfeiffer: echt-unecht, wahr-verlogen, ursprünglich-nicht ursprünglich, gestaltet-geredet; bei Müller-Seidel: das Öffentliche, Höhere, Ganze, Wahre, Menschliche. Im Anschluß an die Darstellung der Wertungstheorien Pfeiffers und Müller-Seidels, als Repräsentanten traditioneller Wertungsästhetik, könnte im Unterrichtsgespräch dann, auf der Basis der Kritik Schulte-Sasses[20] an Pfeiffer und Müller-Seidel, auf die Problematik traditioneller Wertungskriterien aufmerksam gemacht werden; folgende Gesichtspunkte Schulte-Sasses müßten dabei grob erkenntnisleitend sein: Pfeiffers Echtheitskriterium ist ‹ein subjektiver Rezeptionsbegriff›, bloß ‹erspürbar› oder ‹erahnbar›, und kann letztlich nicht als analytisches und arbeitsfähiges Wertkriterium präzisiert werden; Müller-Seidels ‹übergeschichtliche Normen› des Öffentlichen, Höheren, Ganzen, Wahren, Menschlichen sind so weit gefaßt, ‹daß sie schon wieder ins Nichtssagende und begrifflich Verschwommene geraten.» Selbstverständlich kann es sich bei unterrichtlicher Berücksichtigung wertungstheoretischer Erkenntnisse in gar keiner Weise darum handeln, die Theorien in toto darstellen zu wollen. Das wäre die Aufgabe eines Hochschulseminars. Hinsichtlich der Umfänglichkeit und Schwierigkeit des Themas muß man sich mit vorläufiger und verkürzter Präsentation begnügen.

Erschließungsfragen

zu 4.2 In welchem Verwendungszusammenhang wird hier von Heise Wertung vorgenommen?
Auf welche historisch-gesellschaftlichen Bedingungsfaktoren ist diese Wertung zurückführbar?
Welches Ergebnis enthält die Wertung?
Welches sind wichtige Einzelaspekte derselben?
In welcher Hinsicht wird der Hirtenjunge als Vorbild gesehen?

Welche Funktionsbestimmung von Literaturunterricht schwebt der Verfasserin vor?

zu 4.2.1 In welchem Punkt ist der Wertung Pfeiffers zuzustimmen?
Welches ist sein entscheidendes Kriterium?
Inwiefern ist es nicht schlüssig genug?
Worin besteht der entscheidende Mangel des gesamten Wertungsentwurfs?
Weshalb müßte man beim Wertungsvorgang auf den Deutungsaspekt der Kindperspektive stoßen?
Wo und in welcher Weise wird die Kindperspektive durchbrochen?
In welcher Formulierung signalisiert Pfeiffer selbst den Schwachpunkt seiner Wertung?
Welche Instanz wird letztlich zum Ausgangspunkt von Wertung erklärt?
Wie muß Pfeiffers Wertungsverfahren auf dem Hintergrund neuerer Wertungstheorien (z. B. Schulte-Sasse) beurteilt werden?

zu 4.2.2 Auf welches entscheidende Kriterium gründet sich Müller-Seidels Wertung?
Welches Verhältnis von Autor und Werk ist in Müller-Seidels Wertung vorausgesetzt?
Inwiefern ist dies zu undifferenziert gefaßt?
Weshalb ist es problematisch, Form und Inhalt beim Wertungsprozeß gegeneinander auszuspielen?
Worin besteht das Versäumnis Müller-Seidels angesichts der nationalsozialistischen Deutung der «Hirtennovelle» als «Aufruf zu völkischem Einsatz»?
Weshalb ist der Kritik Mecklenburgs zuzustimmen, daß im Fall von Wiecherts «Hirtennovelle» Literaturkritik durch Ideologiekritik ergänzt werden müsse?
Inwiefern verkennt der zeitgenössische Leser der Rede des Lehrers Elwenspök die eigentlichen Autorintention?
Worin liegen im einzelnen die Gründe für das Mißverstehen?

Möglicher Aufbau der Unterrichtssequenz

1. Lektüre und Interpretation der «Hirtennovelle» (Analyseaspekte: Personalkulisse: Michael, Eltern, Schulze, Tamara,

Lehrer Elwenspök; Gegensatz Stadt-Land bzw. Zivilisation-Natur, das «einfache Leben»; Heldfiguration: religiös-moralisch, Vorbild; die einzelnen Themenkreise können in Gruppenarbeit erstellt werden; nützlich wäre zusätzlich ein Referat über Wiecherts Biographie: Informationsbasis «Wälder und Menschen» sowie «Jahre und Zeiten»)

2. Eigene Wertungsversuche, evtl. unter gezielter Aufgabenstellung im Hinblick auf den Eingangstext und die Lehrer-Rede: welches sind erzählerische Signale dafür, daß die Kindperspektive als entscheidender Deutungsaspekt zu gelten hat? Inwiefern wird sie vom Autor ständig durchbrochen? Welches ist die Aussageintention der Lehrer-Rede? Wie könnte sie aber vom zeitgenössischen Leser rezipiert werden? Vielleicht ist es sogar günstiger, die Schüler zunächst völlig offen eigene Wertungsversuche unternehmen zu lassen und diese erst im Anschluß daran durch gezielte Fragestellungen zu präzisieren; Diskussion und fragend-entwickelndes Unterrichtsgespräch
3. Eingabe der Wertungstexte und wertungstheoretische Diskussion
   a) Ursula Heise (fragend-entwickelndes Unterrichtsgespräch über: Zeitbezug = 50iger Jahre; Funktion von Literatur im Unterricht: Lebenshilfe; Thematik der Novelle: religiös-moralisches Anliegen Wiecherts; Abhängigkeit der Wertung von historisch-gesellschaftlichen Bedingungsfaktoren; entscheidendes Wertkriterium: einseitig inhaltlich = Moralität; ästhetische Dimension bleibt unberücksichtigt)
   b) Lehrervortrag und Diskussion des Thesenpapiers: traditionelle und neuere Wertungsästhetik (Referate über die Wertungstheorien Pfeiffers und Müller-Seidels sowie über ihre Kritik durch Schulte-Sasse; Informationsbasis: Pfeiffer, J., Wertung, a.a.O.; Müller-Seidel, W., Probleme der literarischen Wertung a.a.O., vornehmlich die Kapitel über die Kriterien des Öffentlichen, Höheren, Ganzen, Wahren, Menschlichen; Schulte-Sasse, J., Literarische Wertung, a.a.O., vor allem S. 43–47 und S. 64–70)
   c) Johannes Pfeiffer (fragend-entwickelndes Unterrichtsgespräch über: Kriterium der Unechtheit; Vorgehensweise Pfeiffers: mehr eindruckshaft als analytisch-rational, keine kritische Interpretation der Kindperspektive)
   d) Walter Müller-Seidel und Norbert Mecklenburg (fragend-

entwickelndes Unterrichtsgespräch und Diskussion über: 1. Müller-Seidels Rettungsversuch Wiecherts; Kriterium des «Wahrseins»; Zusammenhang von Werk und Autor; Zeitbezüge; 2. Mecklenburgs Kritik an Müller-Seidel = fehlende Ideologiekritik; kritische Analyse der Lehrer-Rede, vor allem ihres Sprachduktus'; evtl. als Abschluß Referat über Wiecherts literaturkritische Einschätzung durch die Presse: Informationsbasis: Reiner, Guido: Ernst Wiechert im Urteil seiner Zeit, a.a.O.)

4.3 Gerd Gaisers «Schlußball» im kontroversen Spektrum der Literaturkritik

Der «Schlußball» brachte seinem Autor den größten Erfolg ein. Er wurde in nicht weniger als neun Sprachen übersetzt. Kindlers Literaturlexikon nennt ihn den erfolgreichsten Roman Gaisers[1], und Günter Blöcker notiert zur Ausgabe in der Fischer-Bücherei, daß Gaiser aufgrund dieses Romans «alles zu dem großen deutschen Erzähler unserer Tage»[2] habe. Während die Literaturkritik Gaiser, insbesondere auch seinen «Schlußball», zumindest durch einige ihrer Vertreter (s. u. Kreuzer) schon erledigt hatte – auffällige Parallelität zu Ernst Wiechert –, erfreute er sich im Unterricht der 60iger Jahre noch reger Behandlung und im ganzen positiver Einschätzung.
aus: Migner, Karl: Gesichtspunkte zur Erarbeitung zeitgenössischer Romane[3]

«Neben dem Gaiser-Helden steht wiederholt, so auch hier, eine ideale Frauengestalt, die ihren Mann im Krieg verloren hat, ihm aber eine selbstverständliche Treue hält, die es ihr nicht erlaubt, sich zu trösten, «wie man sich über den Verlust eines Ringes beruhigt oder über eine Stelle, die man nicht bekommen hat». Herse Andernoth steht wie ihre Tochter Diemut, die wegen ihrer Frisur und ihres schwarzen Fahrrades keinen Wert hat, abseits. Die anderen verstehen die beiden nicht, denn sie wissen nichts von «dem Rang, den es bedeutet, sich etwas zu versagen» und kennen «die Auszeichnung nicht, die im Verzicht liegt». Wenn sie es auch wegen des fehlenden Anschlusses schwer haben, so ist doch kein Zweifel, daß sie im Gaiserschen Sinne «bestehen», was die größte Auszeichnung bedeutet, die er seinen Figuren zukommen läßt. . . . Es kommt nicht darauf an, abenteuerliche Erlebnisse eines individuellen Menschen, sondern die Situation des Menschen schlechthin zur Darstellung zu bringen. So ist der Vorgang jeweils auf ein Minimum reduziert. Konstruktive und Montageelemente treten in der Gestaltung hervor. Die wechselnde Perspektive schafft eine große Intensität der gestalteten Wirklichkeit, die stark auf die tatsächliche historische Realität bezogen ist.»

Die Auszüge aus dieser literaturpädagogischen Arbeit des Jahres 1962 zeigen deutlich, daß der «Schlußball» einen ernst zu nehmenden und würdigen literarischen Gegenstand für die unterrichtliche Behandlung darstellte. Die Möglichkeit kritischer Wertung – ästhetischer[4] sowie ideologiekritischer Art – wird nicht wahrgenommen. Im Gegenteil, der Verfasser lobt vornehmlich das Verhältnis von gestalteter und ‹tatsächlicher historischer Realität› (Z. 17f). Gerade dieser Aspekt wird aber von einigen Literaturkritikern (s. u.) Gaisers Roman als entscheidender Schwachpunkt angelastet.

Was Gaisers Roman zu einem besonders dankbaren didaktischen Gegenstand für eine Unterrichtssequenz Literaturkritik erhebt, ist die Tatsache, daß ein breites Spektrum unterschiedlicher und kontroverser literaturkritischer Äußerungen existiert. Höchstes Lob wechselt mit schärfster Verurteilung ab. Genau diese Bandbreite soll im folgenden abgedeckt werden durch die bewußte Berücksichtigung von Verfassern unterschiedlichster Provenienz: von Lehrern bzw. Literaturpädagogen, von Dichtern, von journalistischen Kritikern und Literaturwissenschaftlern.

4.3.1 Zur Sprache

Sprachkritik hat es dort am leichtesten, wo das sprachliche Zeichen- und Regelsystem eines Dichters simpel gehalten ist und unmittelbar auf seine Wirkungsintentionen hin durchschaut werden kann, wie dies in der Regel bei Trivialautoren der Fall ist. Bei Gaiser liegen die Verhältnisse schwieriger. Er verfügt über ein komplexes sprachliches Repertoire, das sich manifestiert in einer Fülle von Dialektwendungen, lautmalender und lyrisierender Wortformen, sondersprachlicher Wortbildungen, biblischer sowie altertümlich-archaisierender, aber auch modern-technischer Anspielungen, ungebräuchlicher Wendungen und seltener Namen.

Genau diese Komplexität des Sprachbestands verführt offenbar zu unterschiedlichsten Wertungen.

So notiert z. B. Elfriede Stutz, eine Lehrerin und Literaturpädagogin, lobend zur Sprache Gaisers:

«Gaiser verfügt über einen auffallend großen Wortschatz. . . . Eine Fülle von Sachwörtern, mit denen er die natürlichen Phänomene nennt, bezieht Gaiser aus allen Sprachschichten. Im menschlichen Bereich schöpft er gerne aus Bibelsprache, Kirchensprache und literarischer Überlieferung. So finden sich archaische neben modern-technischen Vokabeln. Die Kombination ist nicht das Ergebnis eines sprachlichen oder literarischen Eklektizismus, vielmehr hat sie ihre Einheit in der Person des Autors, das meint in seinem Blick aufs immerdar Menschliche.» (S. 73)

«Empfindlichkeit und Bewegtheit kennzeichnen Gaisers Prosa. Wandern ist die Grundgebärde des Menschenlebens und seine nie veraltete Metapher. Gaisers Menschen gehen vom Aufblühen ins Verblühen, von der Hoffnung zur Entsagung, vom Überschwang zur Bescheidung. . . . Die Welt bebt, das Herz bebt – aus diesem Befund strömen die Formulierungen. Hier treffen sich Modernität und Menschheitserfahrungen. Alles bewegt sich, vergeht. Dazwischen erhebt sich die Frage nach dem Absoluten sowie nach Sein und Sollen des Menschen.» (S. 82)[5] (S 1)

Was an diesem Wertungsmuster auffällt, ist allgemein die Inschutznahme Gaisers gegen eine mögliche literarische Kritik (Vorwurf des «Eklektizismus»), indem Sprache sanktioniert und damit zugleich immunisiert wird gegen jede Form von Kritik durch ihre Rückbindung an die Person des Autors, d. h. an seine Einheit, die bereits gewährleistet ist durch «seinen Blick aufs immerdar Menschliche» (Z. 8). Abgesehen vom bloßen Leerformelcharakter dieser Wendung (auch die Begriffe «Empfindlichkeit» und «Bewegtheit» betreffend) – was meint denn das «immerdar Menschliche»? – muß gegen ein solches Werturteil kritisch eingewandt werden, daß es nur mehr normativ-positivistisch verfährt, d. h. sich nicht orientiert am intentionalen Funktions- und Aussagezusammenhang von Sprache. Überdies wird der normativ-positivistische Ansatz verschränkt mit einem anthropologisch-kosmologischen Kriterium («Wandern ist die Grundgebärde des Menschenlebens», Z. 9f), was die Abstinenz von jeglicher ästhetischen sowie historischen und ideologiekritischen Wertung deutlich macht. Unschwer errät man aus den Formulierungen der Verfasserin ihre von der Pädagogik diktierte Literaturauffassung (Dichtung als Lebenshilfe): sofern Dichtung das «immerdar Menschliche»

(Z. 8) zur sprachlichen Darstellung bringt, ist sie sanktioniert, d. h. wohl auch der Kritik enthoben.

Nicht weniger pauschal und leerformelhaft fällt eine positive Beurteilung der Sprache Gaisers aus, die der Schriftsteller und Kritiker Karl August Horst vorgetragen hat:

«Die urwüchsige und doch geformte Sprache . . . wird im ‹Schlußball› zu einem Mittel, jede der Figuren sich selber charakterisieren zu lassen. Diese natürliche Sprachfülle ist im Nachkriegsroman eine Seltenheit»[6] (S 2)

Die Diktion Horsts erinnert an die journalistischen Waschzettelnotizen, die den Taschenbuchausgaben vielfach als Leserwerbung und Lesermanipulation vorangestellt sind. Ein sinnvoller Bezug zwischen der ‹Urwüchsigkeit› sowie ‹Geformtheit› von Sprache und ‹Selbstcharakterisierung› der Figuren läßt sich wohl nur schwer aufweisen, so wenig wie zur ‹natürlichen Sprachfülle›. Gerade dieses Charakteristikum der Gaiserschen Prosa gab oft genug Anlaß zu scharfer Kritik, denn ‹Sprachfülle› ist kein apriorisches Gütezeichen, kann vielmehr je nach Verwendungszusammenhang und Textintention ebenso als Negativkriterium eines überwuchernden barocken Bombasts und Schwulsts aufgefaßt werden. Genau dies ist von Gaiser selbst in kritischer Einschätzung seiner Prosa bei einem Werkstattgespräch eingeräumt worden:

«Meine Anfänge im Schreiben standen unter einer barocken Bilderflut. Der Überfluß brachte auch Wild- und Mißwuchs. Das Weglassen lernt sich in der Regel erst später. Ich wenigstens lernte es spät und wahrscheinlich noch nicht genügend. Das Verhältnis zur Wirklichkeit wird härter mit den Jahren. So war es auch bei mir. Und so ist die Wandlung meiner Sprache zu erklären»[7]. (S 3)

Interessant ist der Vergleich der kritischen Selbstanalyse Gaisers mit der unkritisch-positiven Bemerkung Horsts deshalb, weil sich in der Diskrepanz beider Aussagen die Richtigkeit einer geistreichen Feststellung Gaisers dokumentiert, nämlich daß «die Wege der Literaturkritik verschlungen seien wie die aller Personalämter»[8]. Man müßte ergänzen: im Lob wie im Tadel, denn Gaiser bezieht sich im Kontext seiner Äußerung ausschließlich auf den Tadel, den ihm die Literaturkritik auch beschert hat.

Als direkter Antipode zu den zitierten positiven Aussagen

Horsts über Gaisers Sprache kann Walter Jens fungieren, Tübinger Rhetorik-Professor und Schriftsteller, der in einem fulminanten polemischen Essay «Gegen die Überschätzung Gerd Gaisers» zu Felde zieht:

«Doch Nuancierungen sind Gaisers Sache noch niemals gewesen, . . . vor allem im Sprachlichen nicht. Es muß einmal gesagt sein: Unter allen Nachkriegsautoren, die zu Ruhm und Ansehen gelangt sind, scheint Gerd Gaiser der schlechteste Stilist zu sein. Sein Deutsch ist, mit einem Wort, miserabel. Man könnte Blätter mit Stilblüten füllen: ‹Die Seiten des Berges lagen unendlich ansteigend vor mir.› . . . doch zum Unglück des Autors entsprechen den epigonalen Bildern Anhäufungen von gespreizten Wendungen: ‹Ich habe mich dergestalt vergessen, daß . . .›. Fatal sind die Adverbien, fatal das ‹seltsamerweise› . . . (S. 77f)

Immer, wenn Gaiser als Maler beschreibt, gelingen ihm plastische Sätze; wenn er dagegen Maximen vorträgt . . ., scheitert er . . . Ich könnte mir denken, daß er ein bedeutender Maler ist, ein bedeutender Schriftsteller ist er gewiß nicht.[9] . . . Aber leider hat man Gaiser – sicherlich aus ehrenhaften Motiven – auf ein Podest gehoben, das ihm niemals gebührt. Die Gründe dieser Überschätzung liegen auf der Hand: nachdem Kolbenheyer . . . mehr oder minder verstummt waren, glaubte man in Gaisers Büchern eine Stimme zu vernehmen, deren Tenor zum festlichen Konzert gehört: das Tiefsinnig-Raunende, Stabreimend-Beschwörende, das Wortschöpferisch-Dunkle, Feierlich-Mythische, Widerpart des ‹Asphaltliteratentums›, heroisch und anti-zivilisatorisch. Das Wort des Jägers und Lehrers als Richtspruch der Zeit . . ., ‹gut gemeint› ist ja, nach Gottfried Benn, das Gegenteil von Kunst.»[10] (S. 79f) (S 4)

Man könnte zunächst den Eindruck gewinnen, als ob Jens in seinem bösartigen Verriß statt differenziert analytischer Literaturkritik nur platte journalistische Polemik lieferte («schlechtester Stilist», Z. 4, «miserabel», Z. 5, «fatal», Z. 8f) und sich billiger Abrechnungsstrategie verschrieben hätte à la Karlheinz Deschners berühmt-berüchtigter Streitschrift «Kitsch, Konvention und Kunst», die ja auch anhand einer geschickt herausgepickten Stilblütensammlung mit einem eleganten kritischen Hieb gleichzeitig Jünger, Hesse, Carossa und Bergengruen literarästhetisch erledigte. Doch bleibt Jens nicht im Oberflächlich-Polemischen stecken, sondern charakterisiert, ausgehend von der einleuchtenden Begründung der durch das Dritte Reich bedingten Rezeptionsgeschichte Gaisers, in pointiert geraffter sowie sprachlich treffender Darstellungsweise das gesamte Stilspektrum Gaisers («. . . glaubte man in Gaisers Büchern eine Stimme zu vernehmen, deren Tenor zum festlichen Konzert gehört», Z. 16f). Dabei wird Sprache nicht als ein bloß positivistisches Phänomen gesehen, sondern als Funktionsträger bestimmter ideologischer Nachrichten. Damit offeriert Jens in seiner Stilbeschreibung der Gaiserschen Prosa zugleich die in das sprachliche Zeichenrepertoire eingelagerte Aussageabsicht des Autors. Dadurch hat Jens m. E. treffend Gaiser als ästhetisch-verdächtig sowie zugleich ideologie-verdächtig entlarvt (s. vor allem: 4.3.3). Die knappe Analyse einer Textprobe aus Gaisers «Schlußball», nämlich des bedeutsamen Einführungskapitels «Stimmen über eine Nacht», möge dies verdeutlichen:

«Nicht die Nacht, in der Neu-Spuhl verworfen wurde, nicht die Nacht, in der es unterging, Gesund in seiner Wirtschaft, kann Neu-Spuhl noch lange stehen.

Sich kreuzende Stimmen. Keine, die mit einer anderen redet. Jede von sich und für sich allein. Stimmen noch in der Zeit, Stimmen von außen, durch die Zeit stoßend, schwebend wie Vögel. Einmischungen, Beschwörungen, Fieber-Inseln. Mit einem Ende beginnt es und endet mit einem Anfang. Wenig Fabel, aber doch zwei Tote gegen Morgen.

Eine Nacht zum Sonntag, eine solche also, in der getanzt wird. Eine Nacht mit viel Tratsch als Vorbereitung und darnach: Spesen und Hosenweite, hoher Konsum. Manches von ersten Marken. Fremde Töne dazwischen. Im Wohlstand steht es sich gut, Wohlfahrt fährt am besten. Die Männer voll weicher Stellen, falls man von Männern reden will. Die Frauen gesünder: darum näher am Tod.

Soll Neu-Sphul verworfen werden? Die meisten Menschen leben in Neu-Spuhl, leben allgemeinverständlich, den Blick auf das, was zusteht. Wer keinen Anschluß hat, besteht schwer, und wer ihn verweigert, schneidet sich. Glas ist durchsichtig, aber es macht Hände blutig. Draußen heult der Hund. Niemand kann seiner Schuld ausweichen.

Solche Nächte kommen viele. Jeder bekommt seine Schuld. Die Welt ist eng, aber im Pfuhl rühren sich die Larven. Larve, Puppe, Imago. Einmal bleibt die Hülle zurück. Imago: die Flügel zittern. Sie straffen sich. Was wird sein? Aber: was ist gewesen?»[11] (G 1)

Das Vorspannkapitel soll in seiner knappen Gedrängtheit zum einen der vorläufigen Information des Lesers dienen und zum andern ihn aber bereits einschwören auf die ideologische Stoßrichtung des Verfassers (nämlich Gesellschaftskritik am Wohlstands- und Prosperitätsdenken sowie -verhalten der Neu-Spuhler). Darüber hinaus will Gaiser sich als Vertreter des modernen Erzählens, und d. h. auch als poeta doctus, ausweisen, indem er seine Erzähltechnik essayistisch reflektiert: «Sich kreuzende Stimmen . . .

wenig Fabel, aber doch zwei Tote gegen Morgen» (Z. 4 u. 8). Wie ist das aber sprachlich arrangiert? Die Satzfetzen, die abrupten Reihungen sowie Raffungen, insgesamt die gewollte Knappheit, evozieren den Eindruck des Prätentiösen, Aufgesetzten, letztlich Manierierten und Platt-Direkten; keinerlei Verschlüsselung der Reflexion durchs Erzählen, keine organisch-erzählerische Integration ins Ganze, sondern bloßes Vorwegsagen sind feststellbar. Dies signalisiert unmittelbare Leseradressiertheit, damit sofort begriffen wird, was der Autor will. Nur keine ‹Leerstellen›, keinen ‹Unbestimmtheitsgrad›[12] riskieren: die interpretativen Mühen sollen dem Leser im vorhinein genommen werden. Nicht anders ist die unmißverständliche moralische Ideologie Gaisers als Kapitalismus-Kritik sprachlich verpackt (nach Jens das «Anti-Zivilisatorische»). Sentenziöse Maxime werden als ganz besondere Weisheit ausgegeben: «Die Frauen gesünder; darum näher am Tod» (Z. 13f); auch die durch grammatische Verkürzung gewollt einhämmernde Syntax vermag dennoch nicht über die vordergründige Moralphilosophie oder ‹schlichte Erbaulichkeit›[13] hinwegzutäuschen. Lyrisierung, in der traditionellen Ästhetik ein Kitschkriterium darstellend[14], aufgrund der Alliterationen (nach Jens das «Stabreimend-Beschwörende») wie z. B. «nicht die Nacht, in der Neu-Spühl» (Z. 1) und «draußen heult der Hund» (Z. 18f) sowie neue semantische Kombinationen wie «den Blick auf das, was zusteht» (Z. 16) ergänzen und vervollständigen den Eindruck der künstlichen Anstrengung. Nicht zuletzt erinnert auch die gewollte Bildersprache Gaisers («Pfuhl», «Larve», «Puppe», «Imago», Z. 21) an die kritischen Aspekte Walter Jens' wie das «Tiefsinnig-Raunende» sowie «Feierlich-Mythische».

4.3.2 Zur Erzähltechnik

Gaiser hat versucht, im Hinblick auf die erzählerische Komposition seines Romans, das traditionell-chronologische Erzählen aufzugeben zugunsten moderner alinearer Erzählweise, indem er das Romangeschehen in dreißig Kapitel auffächert, die jeweils als Mittel der Perspektivgestaltung die Monologe der Figuren und Stimmen darstellen sollen. Ob dies gelungen ist, darüber gibt die Literaturkritik wiederum unterschiedliche Auskünfte.
Kurt Hohoff, Dichter und Literaturkritiker, zollt Gaiser höchstes

Lob, indem er von der Vielzahl der Kapitel als Monologgestaltung der Figuren her auf eine «ungewöhnliche Vielfalt der Betrachtungsweisen» schließt:

«Seine dreißig Kapitel sind Monologe teils der gleichen, teils verschiedener Figuren, sie richten ihre Strahlen auf das angegebene Thema. Dadurch wird eine ungewöhnliche Vielfalt der Betrachtungsweisen erreicht, während die Haupthandlung einfach und schematisch verläuft»[15] (E 1)

Diese positive Version von der Verwendung moderner Erzähltechnik im «Schlußball» ist strittig, und Marcel Reich-Ranicki, ein bekannter Literaturkritiker unserer Zeit, weist treffend, was noch an einem Textauszug exemplarisch nachzuweisen ist, auf die Überflüssigkeit, d. h. genauer auf die mangelnde ästhetische Stringenz der Perspektivgestaltung Gaisers hin:

«Gaiser ist . . . ein traditioneller Erzähler. Allein, er hielt es für richtig, sich im ‹Schlußball› mancher Ausdrucksmittel der modernen Prosa zu bedienen, die er bisher konsequent ignoriert hatte. Der Roman setzt sich aus mehreren Ich-Erzählungen zusammen, die das Geschehen aus der Perspektive verschiedener, lebender und toter Gestalten sichtbar machen sollen. Diese einzelnen Stränge sind weder Berichte noch innere Monologe oder Protokolle, sondern lediglich epische Hilfskonstruktionen. Überdies kann Gaiser dem ständigen Perspektivenwechsel nicht viel abgewinnen – letztlich sehen die meisten Gestalten trotz der individuellen Unterschiede die Welt doch aus derselben Perspektive. Es will daher nicht einleuchten, daß es notwendig war, den dargestellten Vorgang zu zerstückeln und aufzusplittern. Die Komposition erweckt den Eindruck eines ziemlich aufdringlichen Schemas.»[16] (E 2)

Wenngleich auch Reich-Ranicki keinen unmittelbaren Beweis für seine Behauptung liefert, so hat er dennoch die entscheidende kompositorische und damit auch thematische Schwäche des Romans völlig richtig erkannt: nämlich die Eindimensionalität oder, wertend bzw. kritisch schärfer gesagt, Schwarzweißzeichnung der Aussageintention (= Wohlstandskritik). Dazu hätte es der nur scheinbar modernen erzähltechnischen Aufsplitterung in Perspektiven oder Polyperspektivität gar nicht bedurft, denn ein differenziertes Bild des kapitalistischen Neu-Spuhl wird von Gaiser auch nicht mittels der perspektivischen Komposition gezeichnet[17] (simple Kontrastfiguration: oberflächlich-unethische Figuren wie Ditta, Herr Förck, Rakitsch und verinnerlicht-moralische Figuren wie lahmes Mädchen, Herse sowie Diemut Andernoth, Frau Förck, Soldner). Die bloße Addition von Ich-Erzählungen schafft aus sich heraus noch kein vielschichtiges Inhaltsspektrum.

Zudem drängt sich die Frage auf, ob überhaupt eine echte perspektivische Gestaltung vorliegt. Reich-Ranickis kritische Bemerkung meldet Zweifel an: «Diese einzelnen Stränge sind weder Berichte noch innere Monologe oder Protokolle, sondern lediglich epische Hilfskonstruktionen» (Z. 6f). Die versuchte Perspektivtechnik versagt bei Gaiser deshalb, um Ranickis völlig angemessene Kritik erläuternd abzustützen, weil er das Verhältnis von Autor, Erzähler und perspektivischer Figur nicht in den Griff bekommt, insofern der Erzähler und hinter ihm noch sein Autor stets spürbar präsent sind: vor allem in den klügelnden und moralisierenden Maximen. Der innere Monolog kann nicht gelingen, weil der Autor nicht zurücktritt, sondern ständig dazwischenredet, so daß der Leser gar nicht unmittelbar am Bewußtseinsstrom der erzählten Figur teilnehmen kann. So gesehen ist auch Reich-Ranickis scharfes ästhetisches Verdikt der «epischen Hilfskonstruktionen» (Z. 7) völlig legitim. Trotz des modernen Gewandes der Alinearität und Perspektivität des Erzählens bleibt Gaiser letztlich in der traditionellen Erzählhaltung der Auktorialität stecken – die Souveränität des alles Überblickenden und ordnenden Erzählers ist stets auch in der Perspektive der Figuren dominant. So gesehen ist Gaiser weit entfernt von der ästhetisch überzeugenden Form des personalen Erzählens, wie wir es z. B. in Alfred Döblins «Berlin Alexanderplatz» vorfinden. Auch in dem Punkt muß man Reich-Ranicki beipflichten, wenn er ironisch formuliert: «Gaiser ist . . . ein traditioneller Erzähler. Allein er hielt es für richtig, sich im ‹Schlußball› mancher Ausdrucksmittel der modernen Prosa zu bedienen, die er bisher konsequent ignoriert hatte» (Z. 1f).

Interessant ist in diesem Zusammenhang eine kritische Notiz des Dichters Bernt von Heiseler zur Erzählweise des «Schlußball». Er bemerkt hinsichtlich seiner subjektiven Rezeption des Romans:

«Ich will gestehen, daß ein gewisses ‹modernes› Gehabe, wie Gaiser seine Einführungen macht, seine Figuren vorstellt, mich zuweilen befremdet und mir den Zugang erschwert hat. Ich finde, er habe das nicht nötig, er solle das denen überlassen, die außer dem Gehabe nichts aufweisen können. Mein Begriff von einer großen Kunst ging immer dahin, daß man in der herkömmlichen Form so neu sein könne wie ein Buchengrün, das aus der Knospe dringt.»[18] (E 3)

Hier wird zunächst intuitiv völlig richtig ‹erspürt›, daß der Gaisersche Versuch eines Exkurses in die moderne Erzähltechnik nichts weiter als ein «modernes Gehabe» (Z. 1) ist, d. h. doch wohl keine echte überzeugende künstlerische Leistung darstellt. Aber wie wird nun dieser richtige kritische Ansatz verwendet? Statt rational-analytisch die ästhetische Schwäche der aufgesetzten Modernität des Erzählens zu begründen, wird emotional eine normativ-reaktionäre Kunstposition bezogen, der a priori alles Moderne suspekt erscheint: «Ich finde, er habe das nicht nötig, er solle das denen überlassen, die außer dem Gehabe nichts aufweisen können. Mein Begriff von einer großen Kunst ging immer dahin, daß man in der herkömmlichen Form so neu sein könne . . .» (Z. 3f) Am Beispiel Heiseler wird zugleich ein Stück Problematik der traditionellen Ästhetik sichtbar, insofern hier Dichtung nicht deskriptiv-funktionalen Wertungskriterien unterworfen wird, sondern normativ-kunstideologischen. Traditionelle sowie progressive Kunst sollten aber a priori weder als sanktioniert noch als verfemt gelten.

Die knappe Analyse eines Textausschnittes aus dem Kapitel 2 «Das lahme Mädchen: Neu-Spuhl war weder groß noch klein» möge die oben erörterten ästhetischen Vorwürfe gegen die Perspektivtechnik Gaisers untermauern:

«Lieber Gott, sage ich manchmal zu mir – o lieber Gott, wenn ich an Diemut Andernoth denke. Ganz sinnlos sage ich: Lieber Gott – obwohl ich zu dem lieben Gott nicht die Beziehungen unterhalte, die der Gemeindepfarrer in meiner Lage für geziemend hält. Diemut also hatte einen Kopf auf, und sah man sie unter den Neu-Spuhlern, mußte man sich fragen, mit was die eigentlich herumliefen. Sie sahen an einem Kopf nur, was daran Geld kostete: die Frisur.

Sie wurde zur Tanzstunde ihrer Klasse eingeladen, und als sie beginnen sollte, kamen zwei Abgesandte über den Schulhof auf sie zu. Die Abgesandten sagten zu ihr: ‹Mittwoch ist der erste Abend. Und die Tanzstunde bittet dich, daß du dir bis Mittwoch die Haare legen läßt›.

‹Die Haare legen?› sagte Diemut in ihrer Verwirrung, ‹was meint ihr damit?›

‹Außer dir›, sagten die Abgesandten, ‹lassen sich alle Damen die Haare legen. Unsere Tanzstunde muß einen Schlag haben. Jemand mit einem Zopf möchten wir deshalb nicht in unserer Tanzstunde. Es ist auch wegen der anderen Schulen. Man guckt aufeinander, und da will niemand hinterher sein.›

‹Zopf?› sagte Diemut, wurde rot und ärgerte sich, weil sie rot wurde.

‹Was meint ihr damit? Einen Zopf habe ich doch gar nicht.›
‹Nun, eben das, was du auf dem Kopf hast.›»[19] (G 2)

Der in die Ich-Erzählung des lahmen Mädchens eingelagerte Dialog zwischen Diemut und den Abgesandten wird vom Leser nicht als ein aus der Perspektive der Figur berichteter Vorgang rezipiert, schon gar nicht mit fortschreitender Ausdehnung, da der Eindruck erzählerischer Verselbständigung sich damit nur noch verstärkt. Außerdem werden dem Leser innerhalb des Dialogteils keinerlei erzählerische Signale vermittelt, die ihm die ständige Präsenz der Figur anzeigen könnten. So gesehen muß ihm der Dialogteil geradezu als eine allgemeingültige sowie objektivierte Darstellung des Erzählers erscheinen. Dieser Lesereindruck wird zusätzlich erhärtet durch den Einwurf pointiert-kritischer Sentenzen wie: «Sie sahen an einem Kopf nur, was daran Geld kostete: die Frisur» (Z. 6f), die allzu deutlich das Dazwischenreden des Autors dokumentieren, d. h. zum direkten Träger seiner platten moralisch-ideologischen Aussage werden. Von einem «Sich-Zurückziehen» mittels der Perspektivgestaltung, wie Gaiser seine Erzählweise in einem Werkstattgespräch mit Horst Bienek[20] positiv charakterisiert, kann nicht die Rede sein.

4.3.3 Zur Aussageintention

Es darf nicht verwundern, nach der Kenntnis der divergierenden literaturkritischen Äußerungen zur Sprache und Erzähltechnik Gaisers, wenn die Beurteilung der Aussageintention des «Schlußball» ähnlich kontrovers ausfällt.

Der bereits zitierte Karl August Horst z. B. sieht in Gaisers Roman eine Art Einsamkeitsphilosophie zur Darstellung gebracht, was ihn zu einem positiven Urteil veranlaßt:

«Im ‹Schlußball› verwebt Gaiser Einsamkeitssphären zu einem Muster. Wir empfangen hier verstärkt den Eindruck, der uns in seinen früheren Büchern streifte, daß nämlich Gaiser Einsamkeit als ein Zeichen von Vornehmheit wertet, daß der beherrschende Zug in seinem Weltbild Welteinsamkeit ist – Welt ohne den Menschen. Diese höchste Einsamkeit ist jedoch nicht Leere, sondern Fülle des Seins. Der Mensch verstört sie, indem er den Schatten der Vergänglichkeit in sie wirft. Auch die Erinnerung bewahrt von der Fülle nur den schwindenden Schatten. Darum ist auch die Spur der Geschichte, die immer wieder vom Vergessen überwuchert wird, Spur fortschreitenden Abfalls, fortschreitender Abwendung vom Sein und der Dauer, fortschreitender Verzehr, Verbrauch dessen, was jenseits der fatalen Schwelle, die der geschichtliche Mensch überschritten hat, ewig und unverändert besteht.»[21] (A 1)

Nicht nur die Diktion Horsts («empfangen», Z. 2, «verstört» Z. 6 u. a.) erinnert an die verhängnisvollen Interpretationen Martin Heideggers von Trakl und Hölderlin, auch die Dichtungsauffassung Horsts scheint unmittelbar auf den Existenzphilosophen zurückzugehen (der Dichter als ‹heilstiftender Seher und Lichtbringer›)[22]. Solch subjektivistisch-impressionistische Dichtungsbetrachtung, der man zudem die Selbstgefälligkeit des sprachlichen Ausdrucks anmerkt, kann in keiner Weise helfen, rational-analytisch dichterische Aussagegehalte zu klären und angemessen zu werten; im Gegenteil, sie vernebelt sie vielmehr. Von kritischem Literaturverständnis ist eine derart spekulative philosophisch-ontologische Wertung weit entfernt: «Diese höchste Einsamkeit ist nicht Leere, sondern Fülle des Seins» (Z. 5f). Auch hier paart sich bedauerlicherweise Literaturkritik nicht mit Ideologiekritik. Und man könnte gegen Horst Walter Muschg plagiieren, der Heideggers Hölderlin-Interpretation als «zerschwatzte Dichtung»[23] abgetan hat. Ebenfalls Gaisers «Schlußball» wird ‹zerschwatzt›, wenn man ihm eine ontisch-kosmische Einsamkeitsthematik aufzwingen will. Allenfalls könnte man vom Thema der Einsamkeit als einer gesellschaftlichen Isolierung sowie Distanzierung auf seiten der positiv besetzten Figuren des Romans sprechen (wie lahmes Mädchen, Herse und Diemut Andernoth, Soldner, Frau Förck): aber dann auch nur in einem ganz vordergründig moralischen Sinne.

Von einer christlich-weltanschaulichen Position her wertet Bernt von Heiseler die Aussage des Romans positiv:

«In dieser Zeit, die vieles leistet, neben einer Menge von Überflüssigem auch manches Gute . . ., gehört Gerd Gaisers Roman ‹Schlußball› zu den wenigen Arbeiten, die überdauern und vor den Nachkommen für uns zeugen werden. Es kann nicht so schlimm gewesen sein, werden sie sagen, denn das war da, ein echtes, dichtes, wahrhaftiges Gleichnis von dem Leben, das sie gelebt haben. Weder bloß Nachbildung seiner Oberfläche, noch bloß Fieberkurve seiner Angstzustände, nein, das Ganze, wie es vor Gott steht, im Licht. Ein getreues Werk der Kunst».[24] (A 2)

Die pathetisch-schwärmerische Sprachgebung verrät als ideologischen Hintergrund eine irrational-esoterische Kunstauffassung, die zudem religiös-moralisch motiviert ist. Dichtung wird vom

Anteil des ‹echten›, ‹dichten› sowie ‹wahrhaftigen› Gleichnischarakters, d. h. vom Grad ihrer Erbaulichkeit her gewertet. Dies bestätigt sich auch, wenn man Heiselers Urteil über die Figuren Herse Andernoth und Soldner genauer ins Auge faßt. Da heißt es über Herse Andernoth:

«In Neu-Spuhl lebt Herse Andernoth. Soldner liebt sie und wirbt um sie. Ihr Mann ist im Krieg verschollen und wird nicht wiederkehren, sie aber hält ihm die Treue. Und das ist nicht ein Prinzip, nicht eine zum Zwang gewordene Gewohnheit, noch ist es eine Rücksicht auf ihr Kind; vielmehr ist es der Sinn des Unbedingten: der Ehe, die über den Tod hinaus aufrecht bleiben soll inmitten einer tausendfach bedingten Welt».[25] (A 2)

Literarische Kritik erfolgt hier auf der Grundlage außerästhetischer Kriterien, d. h. aus der emotionalen Optik eines Kunstrichters, der den Wert von Dichtung mißt am Grad ihrer thematischen Übereinstimmung mit dem christlichen Moralkodex: «der Ehe, die über den Tod hinaus aufrecht bleiben soll . . .». Dies spiegelt modifiziert auch Heiselers Wertschätzung der Figur des Lehrers Soldner wider:

«Der Lehrer Soldner ist nicht der einzige in Neu-Spuhl, der vom Geldwahn frei bleibt. Und eben das macht den Rang von Gaisers Buch aus: daß es sich nämlich nicht mit der Karikatur des Menschengesichts begnügt, mit der Verzerrung und Verspottung. Für solchen Spott braucht es nur kalte Beobachtung und ein kaltes Herz . . . Kunst beginnt erst da, wo das Leben gesehen wird, wie es ist – unzulänglich, aber voll Verheißung ‹über sich hinaus›».[26] (A 2)

Rationalität und Kalkül, die vor allem den Schaffensprozeß des poeta doctus unseres Jahrhunderts bestimmen, sind Heiseler suspekt: «Für solchen Spott braucht es nur kalte Beobachtung und ein kaltes Herz». Nach Heiselers Kunstauffassung ist offenbar nur die aus der Emotion erwachsende Kunst in der Lage, die Realität des Lebens angemessen zu zeichnen und sie zugleich ins Metaphysische zu wenden. Dieser subjektiv-enge sowie normative Kunstbegriff ist natürlicherweise geprägt durch die eigenen dichterischen Schaffensintentionen.

Als direkten Kontrapunkt zur Lobeshymne Heiselers liest sich Reich-Ranickis ideologiekritische Abrechnung mit Gaisers Roman. Ausgehend vom Beispiel des Helden Soldner, der als weltanschauliches Sprachrohr Gaisers fungiert, entwickelt Reich-Ranicki die negativen ideologischen Implikate des «Schlußball»:

«An einer anderen Stelle sagt Soldner einmal, ihn überfalle beim Anblick der Stadt Neu-Spuhl ‹Verdruß› und ‹eine kranke, vernunftlose Trauer›. Vielleicht sind das Schlüsselworte. Die meisten Ich-Erzähler des Romans sind Menschen, die außerhalb der dargestellten Welt stehen . . . Eins vor allem haben sie gemeinsam: Ihr Verhältnis zur Umwelt entspringt der Verdrießlichkeit und dem Mißbehagen. Es handelt sich im Grunde um die auf mehrere Personen verteilte Perspektive des verbitterten Außenseiters, des Mannes, der 1945 zu einem elegischen Barden wurde, der aber nicht aufgehört hat, ein völkischer Beobachter zu sein.

‹Verdruß› und ‹eine kranke, vernunftlose Trauer› dominieren in allen nach 1945 geschriebenen Büchern Gerd Gaisers. Er zeigt nicht das Leben, er mystifiziert es. Er möchte die Seele gegen den Geist ausspielen, die Stimme des Blutes gegen die Stimme der Kritik, die Beschwörung gegen die Analyse, die Schwärmerei gegen die Vernunft, das Völkische gegen den Intellekt. Statt zu klären, verklärt er, statt zu verdeutlichen, verschleiert er, statt zu erhellen, verdunkelt er. Aus der Realität macht er einen Mythos. Er stellt sich nicht den Problemen, er entstellt sie, indem er sie poetisiert. Sein Werk dient nicht der Wahrheit.»[27] (A 3)

Trotz des polemisch-essayistischen Reihungscharakters von Einzelverdikten trifft das negative Gesamtfazit Reich-Ranickis m. E. die entscheidende thematische Schwäche des Romans. Was der kritische und rationale Kunstrichter im Gegensatz zum emotional-impressionistischen herausbekommt, ist das Moment des Ideologieverdachts, wobei im Fall Gaiser bemängelt wird, daß er einem verkappten Anachronismus huldige: «. . . der 1945 zu einem elegischen Barden wurde, der aber nicht aufgehört hat, ein völkischer Beobachter zu sein» (Z. 8f). Genau deshalb «entstellt» (Z. 17) er auch die Probleme und dient «nicht der Wahrheit» (Z. 18f), wobei Reich-Ranicki sicher nicht die idealisiert-moralische sowie christlich-religiöse Wahrheit meint wie Heiseler, sondern die konkrete historisch-gesellschaftliche. Auf diesen entscheidenden Punkt scheinen alle Antithesen Reich-Ranickis hinauszulaufen. Seiner Sicht der Wahrheitsproblematik des «Schlußball» ist insofern zuzustimmen, als Gaiser die Prosperitäts- sowie Wohlstandskritik an den falschen Phänomenen festmacht, so z. B. an Soldners Resignation und an Herse Andernoths übersteigertem sowie weltfremdem Moralbewußtsein. Beide Lebenshaltungen aber sind keine bündigen und glaubwürdigen kritisch-differenzierten Antworten auf die Wohlstandsmisere der kapitalistischen Nachkriegsgesellschaft. Somit stabilisiert Gaiser letztlich die miesen Verhältnisse, anstatt erzählerisch plausible Lösungsmodelle für ihre Veränderung zu gestalten. Darin erweist er sich als Verwandter Ernst Wiecherts.

Als Verlängerung des ideologiekritischen Wertungsansatzes Reich-Ranickis läßt sich die scharfe Attacke des Literaturwissenschaftlers Helmut Kreuzer begreifen, die er bereits 1960 gegen den simplen soziologischen Schematismus des «Schlußball» formuliert hat. Reich-Ranickis Antithesen werden hier gleichsam sozial- und biographiegeschichtlich präzisiert sowie differenziert:

«Drei soziale Gruppen lassen sich jeweils unterscheiden, im ersten Roman (v. Verf.: «Eine Stimme hebt an») Bauern, Elite-Menschen, ‹Gesindel› . . .; im neuen (v. Verf.: «Schlußball») sind . . . an die Stelle der Bauern städtische Fabrikantenfamilien . . . und reiche Kaufleute (in negativster Zeichnung) getreten. Der soziale Nährboden solcher Produktionen . . . ist unverkennbar eine begrenzte Schicht des Kleinbürgertums, die Ressentiments hegt gegen die (‹materialistischen› und ‹seelenlosen›) repräsentativen Nutznießer einer kapitalistischen und technischen Zivilisation, ebenso gegen die Intellektuellen als Träger der Rationalität, und die aus Haßfurcht alles ortsfremde ‹Gesindel›, zumal wenn es ‹zigeunerhaft› und ‹östlich› wirkt, dämonisiert.»[28] (A 4)

Kreuzers sozial- sowie biographiegeschichtlicher Rückgriff auf Gaisers Herkunft («begrenzte Schicht des Kleinbürgertums», Z. 6: der Vater war Pfarrer im schwäbischen Oberriexingen) signalisiert einen interessanten Wertungsaspekt, den paradoxerweise[29], wenn auch anders gewendet, ähnlich die traditionelle Wertungsästhetik als ein Unterscheidungskriterium von Kunst und Trivialität herausgestellt hat. Gemeint ist die von Walter Müller-Seidel formulierte Kategorie des ‹Privaten› (im Gegensatz zum «Öffentlichen»[30], s. Kap. 2): wenn ein literarisches Werk das ‹Private› nicht übersteigt zugunsten des «Öffentlichen» und Allgemeinen, bleibt sein Anteil am Trivialen dominant. Trotz der Unschärfe und der Formelhaftigkeit dieser Wertungskategorie scheint sie hinsichtlich der kritischen Einschätzung der Thematik des Gaiserschen Romans durchaus tragfähig zu sein, insofern die allzu direkte sowie undistanzierte und subjektiv-biographiegeschichtlich motivierte Gesellschaftskritik Gaisers nicht ins «Öffentlich»-Allgemeingültige vorzustoßen vermag. Der kritische Leser nimmt ihm die simple Reduktion der Wohlstandsproblematik auf das undifferenzierte Kontrastschema der Figuren oder den soziologischen Schematismus nicht ab: «. . . die Ressentiments hegt gegen die (‹materialistischen› und ‹seelenlosen›) repräsentativen Nutznießer einer kapitalistischen und technischen Zivilisation, ebenso gegen die Intellektuellen als Träger der Rationalität, und die aus Haßfurcht alles ortsfremde ‹Gesindel›, zumal wenn es ‹zigeunerhaft› und ‹östlich› wirkt, dämonisiert» (Z. 6–10). Somit verfestigt sich im Leser der Eindruck von klischeehafter und ideologieverdächtiger Schwarzweißzeichnung. Gaiser hat paradoxerweise, im Hinblick auf das Autorverhältnis zu seinen Figuren, die Gefahr des Kitsches selbst erkannt: «Das liebende Verhältnis, meine ich, jedenfalls das mitleidende, müsse das Grundverhalten sein; aber ohne die artistische Distanzierung geht es nicht. Hier liegen schwere Gefahren für den Autor. Aus liebendem wie aus hassendem Eifer entsteht leicht der Kitsch»[31]. Keine Charakteristik könnte treffender ausfallen als dieses unfreiwillige Selbstbekenntnis Gaisers.

Allerdings wird der sich aufdrängende Verdacht eines unzeitgemäßen völkisch-rassischen Denkens, wie ihn Reich-Ranicki und Kreuzer aus Gaisers «Schlußball» glauben herauslesen zu können, z. T. auch von der Literaturkritik überpointiert. So notiert Walter Jens in noch schonungsloserer Polemik als Kreuzer:

«Man braucht noch nicht einmal, von politischer Feindschaft verblendet, Gaisers unseelig-gehässige Gedichte aus dem Dritten Reich zu zitieren, um zu erkennen, daß der Gegensatz zwischen den Gesunden und den Kranken, den Bäurisch-Verwurzelten und – Gaisers Todfeinden – den Intellektuellen, den Erdverwachsenen und den morbiden Städtern, den Hungernden und den Reichen das Symbol des Hohen Meissners beschwört. Gerd Gaiser als unbelehrbaren Nationalsozialisten zu denunzieren, wäre, so betrachtet, nicht minder abwegig als zu leugnen, daß sein Gesamtwerk im Zeichen einer romantisch-völkischen Betrachtungsweise steht, die, antisemitisch getönt, im Namen des ‹Reinen› und ‹Echten› argumentiert.»[32] (A 5)

Sicherlich, Gaiser macht es seinen Kritikern insofern leicht, diesen Verdacht und zugleich Vorwurf zu äußern, als er einer ästhetisch schwachen, da schematisch-eindimensionalen Figurierungstechnik im «Schlußball» aufsitzt (dies gilt vor allem auch für die Gestalt des Fremdlings Rakitsch). Ob dieses ästhetische Defizit aber nun zugleich derart auf ein ideologisches («unbelehrbarer Nationalsozialist», Z. 7) umgebucht werden darf, scheint zumindest nicht völlig unproblematisch zu sein. Allzu rasch werden Reminiszenzen an Gaisers Vergangenheit bemüht (Jugendbewegung, nationalsozialistische Lyrik). Dies soll nun allerdings in keiner Weise einen krampfhaften Rettungsversuch Gaisers gegenüber der z. T. unbarmherzig zuschlagenden Literaturkritik darstellen. Aber man müßte ihm doch wohl insofern Gerechtigkeit widerfahren lassen, als fairerweise erwähnt werden sollte, daß er sich selbst von Jugendbewegung und nationalsozialistischer Produktion distanziert hat: «Daß schwere Täuschungen gedeihen konnten, dafür gibt es Exempel genug. Ich . . . gehöre nicht zu den Bevorzugten, die niemals irren»[33].

Der Blick auf einen Textausschnitt aus dem 19. Kap. «Aus dem Bericht eines Referenten» möge dennoch die Möglichkeit des ideologiekritischen Vorwurfs unterstreichen:

«Es waren Tage, an denen die durcheinandergeworfenen Dinge sich neu zu befestigen schienen, indessen auf eine äußerliche Weise und so, daß weder etwas an seinen alten Platz kam noch neue Formen sich bildeten. Weil das meiste falsch lag und liegen blieb, traten seltsame Verkehrungen zutage, ohne daß sie viel bemerkt worden wären. So auch in Vorfällen jenes Abends, deren einige die Zeitungen beschäftigt haben. Merkwürdige Umkehrungen: Von einem Lehrer zum Beispiel, der seine Rolle achtbar, wenn auch nicht unangefochten gespielt hatte, erwies sich, daß er kein Lehrer war; die Folgen hatte er zu tragen. Eine Dame schied aus dem Leben, weil es ihr gut ging, nachdem sie und ihr Mann es lange Zeit schlecht gehabt hatten. Streitbar erwiesen sich zwei andere Damen in der Abwehr von Angriffen, wobei kein Mann sie unterstützte: eine von jenen Witwen, die seit so viel Jahren in Ungewißheit leben mußten, ob sie nun wirklich Witwen waren oder nicht, eine Puritanerin, schön und von schrecklicher Kraft in einem sehr zarten Gefüge, und deren Tochter, die ähnliche Anlagen ihrer Natur verriet. Die Tochter brauchte nur Glas zu zerschlagen, die Mutter traf mehr. Zu der allgemeinen Verkehrung gehörte, daß diesmal wirklich der Getötete schuld war.»[34] (G 3)

Abgesehen von der erzählerischen Direktheit sowie des platten Hinsprechens der Romanaussage, wodurch dem Leser auch der letzte mögliche Rest an Unklarheit über die Autorabsicht ausgeräumt wird, klären die raffenden Sentenzen vor allem auf über einen Aspekt des ideologischen Denkschemas Gaisers, nämlich die simple moralische Dichotomie seiner Figuren: hier die reine, edle Rasse der Frauen Diemut und Herse Andernoth, dort die dunkle tückische und triebhafte Unterrasse des Fremdlings Rakitsch, der die erstere bedroht, indem er Diemut nachstellt, und deshalb von der Mutter zu Recht erschlagen wird. Das «diesmal wirklich der Getötete schuld war», (Z. 18) bezeugt unmißverständlich die Autorintention. Indirekt bestätigt auch Reich-Ranicki diese kritische Sicht, wenn er im Zusammenhang mit der Kritik der Perspektivgestaltung Gaisers bemerkt: «Offenbar hat aber Gaiser selber erkannt, daß es ihm nicht gelungen ist, seine kritischen Ansichten mit epischen Mitteln ausreichend zu verdeutlichen, denn er muß den ‹Bericht eines Referenten› einfügen, in dem er das, was er zeigen wollte, dem Leser einfach mitteilt»[35]. Unfreiwillig gesteht Gaiser damit letztlich das ästhetische Mißlingen seines «Schlußballs» ein.

4.3.4 Didaktisch-methodische Hinweise

Voraussetzungen

Auch eine literaturkritische Unterrichtsreihe zu Gaisers «Schlußball» bedarf zunächst der Vermittlung einiger wertungstheoretischer Kenntnisse (s. 4.1.4 und 4.2.3).

Was nun diese besondere Unterrichtseinheit angeht, so sollte ihr die Behandlung anderer epischer Literatur vorausgegangen sein, wobei die Analyseaspekte Sprache, Erzähltechnik und Aussageintention im Zentrum des analytischen Interesses gestanden haben müssen. Darüber hinaus sollten, im Hinblick auf den besonderen Gegenstand des Gaiserschen Romans, die Differenz zwischen traditionellem und modernem Erzählen und das in diesem Zusammenhang erarbeitete Analyseinstrumentarium bekannt sein (Chronologie-Montage, Linearität-Alinearität, Erzählbericht-erlebte Rede-innerer Monolog, Verhältnis von Erzähler-Figur-Autor).

Erschließungsaspekte

zu 4.3 «Schlußball» = Gaisers erfolgreichster Roman: positive Einschätzung vor allem aus literaturpädagogischer Sicht (s. Migner: Thematische sowie formalästhetische Wertschätzung)

zu 4.3.1 Sprache:

Stutz (S 1): normativ-positivistische Wertung, nicht orientiert am intentionalen Funktions- sowie Aussagezusammenhang, zudem verschränkt mit anthropologisch-kosmologischem Philosophem (Leben als Wandern); pädagogisierende Dichtungsauffassung (Literatur als Lebenshilfe).

Horst (S 2): Waschzettelnotiz, Ambivalenz des Kriteriums der «Sprachfülle» (könnte auch negativ als barocker Bombast und Schwulst aufgefaßt werden)

Gaiser (S 3): selbstkritische Einschätzung, gerade auch im Hinblick auf den barocken «Überfluß» seiner Sprache

Jens (S 4): scharfe sowie polemische Kritik, zwar journalistisch eingefärbt, dennoch aber treffend, da Sprache funktionalisiert gesehen wird als Träger ideologischer Nachrichten; ideologiekritische Wertung

Gaiser (G 1): «Stimmen über eine Nacht»: direktes, plattes Aussprechen sowie Vorwegsagen der Autorintention, keinerlei erzählerische Verschlüsselung, keine ‹Leerstellen›, kein ‹Unbestimmtheitsgrad›, unmittelbare Leserbezogenheit, sentenziöse Maxime, Lyrismen, gewollte Bildersprache

zu 4.3.2 Erzähltechnik:

Hohoff (E 1): positive Wertung der Perspektivgestaltung Gaisers = «ungewöhnliche Vielfalt der Betrachtungsweisen»

Reich-Ranicki (E 2): direkte Gegenposition; die ästhetisch-kompositorische Schwäche des Romans erkannt (Eindimensionalität der Aussage: undifferenzierte Wohlstands- und Prosperitätskritik); daher aufgesetzte Perspektivität (Dominanz der traditionellen Auktorialität vor der Personalität des Erzählens).

von Heiseler (E 3): künstlichen Exkurs Gaisers in die moderne Erzähltechnik richtig empfunden, aber vertrackte Verwendung, nämlich als Demonstration einer normativ-konservativen Kunstideologie.

G 2 (Kapitel 2, «Das lahme Mädchen: Neu-Spuhl war weder groß noch klein»): verselbständigter Dialogteil wird vom Leser als Erzähleranteil begriffen, nicht als die innere Perspektive der Figur; zusätzliches Dazwischenreden des Autors durch allzu pointiert-kritische Sentenzen.

zu 4.3.3 Aussageintention:

Horst (A 1): philosophisch-ontologische Wertung, Einsamkeitsphilosophie, an Heideggers Dichtungsauffassung erinnernd (der Dichter als ‹heilstiftender Seher und Lichtbringer›); subjektivistisch-impressionistische Dichtungsbetrachtung, keine rational-analytische Klärung der Aussageabsicht, eher Vernebelung derselben durch Zerreden (‹zerschwatzte Dichtung›).

von Heiseler (A 2): religiös-moralische Wertung, irrational-esoterische Kunstauffassung (Dichtung als Erbauung), geht zurück auf Heiselers eigene Schaffensintentionen als Dichter

Reich-Ranicki (A 3): direkter Kontrapunkt zu Heiseler, scharfe ideologiekritische Abrechnung (Vorwurf des Anachronismus), keine bündige und überzeugende Kapitalismuskritik Gaisers.

Kreuzer (A 4): ähnlich wie bei Reich-Ranicki ideologiekritische Abrechnung mit Gaiser, sozial- sowie biographiegeschichtliche Begründung, Ideologieverdacht aufgrund simpler Schwarzweißzeichnung (z. B. Rakitsch-Andernoth).

Jens (A 5): schonungslose Polemik, Nationalsozialismus-Vorwurf scheint überpointiert: s. Gaisers eigene Distanzierung von seiner nationalsozialistischen Produktion

G 3 (Kapitel 19, «Aus dem Bericht eines Referenten»): erzählerische Direktheit, plattes Hinsprechen der Romanaussage, bereits hier Aufklärung über das ideologische Denkschema Gaisers, nämlich die simple soziologisch-moralische Dichotomie seiner Figuren, ästhetischer Bruch der Perspektivgestaltung

Möglicher Aufbau der Unterrichtssequenz

Da die Arbeit im Kurssystem der Oberstufe, vor allem im Leistungskurs, auf größere wissenschaftspropädeutische Selbständigkeit im Umgang mit Literatur abzielt, erscheint es auch hier zweckmäßig, die Sequenz auf eine breite unterrichtsorganisatorische Basis zu stellen, d. h. vor allem forciert kooperative Formen zu berücksichtigen (wie Streitgespräch, Diskussion, Referat, Gruppenarbeit). Im Anschluß an eine solche Unterrichtseinheit könnten dann evtl. auch eigene kreative Wertungsversuche gestartet werden, etwa in Form von Buchrezensionen, wobei es sicherlich interessant wäre, die literaturkritischen Schülerbeiträge dann mit jenen berufsmäßiger Kritiker zu vergleichen.

1. Gerd Gaiser (Referat über Biographie und Werk; Informationsbasis: Kreuzer, Helmut: Gerd Gaiser, in: Handbuch der deutschen Gegenwartsliterätur, Band 1, 2. Aufl. 1969, S. 216–227; Soergel, Albert/Hohoff, Kurt: Dichtung und Dichter der Zeit, Vom Naturalismus bis zur Gegenwart, 2. Band, Bagel-Verlag, Düsseldorf 1963, S. 841ff; Zeitschrift «Zeitwende», 39. Jahrg. (1968)

2. Primärrezeption des Romans «Schlußball» (fragend-entwickelndes Unterrichtsgespräch und Gruppenarbeit: Interpretation gemäß der Aspekte Sprache, Erzähltechnik und Aussageintention; Sprache: Wortwahl und Syntax; Erzähltechnik: Perspektivgestaltung; Aussageintention: Figurenschema)

3. Experiment eigener Wertungsentwürfe zum «Schlußball» (Diskussion und Streitgespräch über die von den Schülern angewandten Kriterien)

4. Das Problem der literarischen Wertung (ausgehend von den eigenen Proben; zur Auseinandersetzung traditionelle-progressive Wertungsästhetik: Referate und Diskussion über Walther Killy «Versuch über den Kitsch», Walter Müller-Seidel «Probleme der literarischen Wertung» und Jochen Schulte-Sasse «Literarische Wertung»; Erarbeitung des Thesenpapiers und Lehrervortrag zu Mecklenburgs Wertungstheorie)

5. Sekundärrezeption des «Schlußball» durch die Optik der Literaturkritik (Referat über Bienek, Horst: Werkstattgespräche mit Schriftstellern, München 1962, S. 208ff; arbeitsteiliger Gruppenunterricht zu den verschiedenen literaturkritischen Beiträgen: a) Sprache: Stutz, Horst, Gaiser, Jens; b) Erzähltechnik: Hohoff, Reich-Ranicki, von Heiseler; c) Aussageintention: Horst, von Heiseler, Reich-Ranicki, Kreuzer, Jens; und jeweilige Zuordnung von Textausschnitten aus Gaisers «Schlußball»: Sprache (Einführungskapitel), Erzähltechnik (2. Kapitel), Aussageintention (19. Kapitel); vor allem dabei die Abhängigkeit des Wertens von Qualitäten sichtbarmachen wie: moralische Überzeugung, Herkunft, Bildung, Reflexion des eigenen Standpunktes[3] .

Anmerkungen

Zu 1. Einleitung

1 s. die Übersichten bzw. Forschungsberichte a) zur literarischen Wertung: Schulte-Sasse, Jochen: Literarische Wertung, Stuttgart 1971 (2. erweiterte Aufl. 1976) und Mecklenburg, Norbert: Literarische Wertung, Texte zur Entwicklung der Wertungsdiskussion in der Literaturwissenschaft, Tübingen 1977; b) zur Trivialliteratur: Fetzer, Günter/ Schönert, Jörg: Zur Trivialliteraturforschung 1964/76, in: Internationales Archiv für Sozialgeschichte der Literatur, 2 (1977), S. 1–59.

2 s. z. B. Schemme, Wolfgang: Trivialliteratur und literarische Wertung, Stuttgart 1975; Pilz, Georg/Kaiser, Erich (Hrsg.): Literarische Wertung und Wertungsdidaktik, Kronberg/Ts 1976; Mecklenburg, Norbert (Hrsg.): Zur Didaktik der literarischen Wertung, Frankfurt a. M. 1975; Beisbart, Ortwin: Möglichkeiten literaturdidaktischer Entscheidungen. Kritische Untersuchungen zum Problem der literarischen Wertung in der Literaturdidaktik, Frankfurt a. M. 1975. Einmal mehr wird besonders an dieser Arbeit die fatale Entwicklung zumindest eines Teils der literaturdidaktischen Publizistik der letzten Jahre deutlich, fatal deshalb, weil man sich krampfhaft um didaktische Theoreme müht, die ihren natürlichen sowie notwendigen Bezug zur Unterrichtspraxis verloren haben. Ähnliches gilt, in gleicher Weise verhängnisvoll, für Arbeiten, die Textausschnitte aus wissenschaftlichen sowie didaktischen Studien für die Unterrichtspraxis zusammengestellt haben, um nun auch noch die kontroverse Diskussion über didaktische Theoreme in die Schulstube zu verlagern: s. z. B. Domagalski, Peter/Schickl, Hubert: Trivialliteratur, Aspekte und Probleme, Textbücher Deutsch, Freiburg 1976.

3 s. z. B. Schneider, Peter: Die Mängel der gegenwärtigen Literaturkritik, in: Neue deutsche Hefte, 107 (1965), S. 98–123 (am Beispiel von Max Frischs «Mein Name sei Gantenbein» werden verschiedene Kritiken auf ihre «Mängel» hin untersucht); Klein, Ulrich: Hermann Hesses ‹Glasperlenspiel› bei Rezensenten 1945–1949, in: Der Deutschunterricht, 29. Jahrg., 2 (1977), S. 157–169; Pilz, Georg/Kaiser, Erich (Hrsg.): a.a.O.: darin enthalten eine interessante Sammlung von Wertungen über Ulrich Plenzdorfs «Die Leiden des jungen W.», S. 293ff.

4 vgl. dazu Nemec, Friedrich: Literaturkritik in der Literaturwissenschaft, Das Problem der literarischen Wertung, in: Drews, Jörg (Hrsg.): Literaturkritik – Medienkritik, Heidelberg 1977, S. 49–67, S. 63f; Hoppe, Otfried: Applikation und Explikation, Zur Didaktik des kritischen Verstehens, in: Mecklenburg, Norbert (Hrsg.): Zur Didaktik der litera-

rischen Wertung, a.a.O., bes. S. 116. Überhaupt scheint eine Unterrichtssequenz zur Literaturkritik in besonderer Weise den Erfordernissen eines handlungstheoretisch orientierten Literaturunterrichts gerecht zu werden, insofern der Schüler selbst als wertender Rezipient didaktisch thematisiert ist (s. dazu Denk, Rudolf: Der wertende Schüler, Probleme und Möglichkeiten einer rezipientenorientierten Wertungsdidaktik, in: Pilz, S./Kaiser, E. (Hrsg.): Literarische Wertung . . ., a.a.O., S. 277ff).

5 Mecklenburg, Norbert: Kritisches Interpretieren, Untersuchungen zur Theorie der Literaturkritik, München 1972, S. 102.

6 ebd., S. 114. Nicht berührt ist damit die gesellschaftspolitische Dimension von Ideologiekritik, wie sie Anhänger des Neomarxismus formulieren, wenn sie die Literaturkritik Westdeutschlands definieren als ‹Herrschaftsinstrument der kapitalistischen Führungsklasse, die in elitärer Weise die Kulturindustrie steuere und damit die Partizipation eines breiten Publikums an Literaturkritik verhindere› (s. Zimmermann, Bernd: Literaturkritik und literarische Wertung, in: Bünting, R./Zimmermann, B. (Hrsg.): Theorie – Literatur – Praxis, Frankfurt a. M. 1975, S. 31–40, S. 31f). – Und nur zum Teil ist mit dem Ansatz Mecklenburgs die sozialtheoretische Dimension von Ideologiekritik berührt, wie sie die Frankfurter Schule (Adorno, Horkheimer), ausgehend vom Marxschen Ideologiebegriff als dem «gesellschaftlich notwendig falschen Bewußtsein», für eine kritische Einschätzung der Kulturindustrie, und d. h. auch der Unterhaltungsliteratur postulieren (s. dazu Bürger, Christa: Textanalyse als Ideologiekritik, Zur Rezeption zeitgenössischer Unterhaltungsliteratur, Frankfurt a. M. 1973, besonders S. 24ff und 55ff). Ideologiekritik im Theorieansatz Mecklenburgs, der immanente und soziologische Kritik verschränkt, ist damit immer zugleich auch Kunstkritik oder ästhetische Kritik, insofern das literarische Werk befragt wird, ob es die ‹ideologische› Nachricht an den Leser ästhetisch stringent sowie plausibel vermittelt oder nicht (s. vor allem Kapitel 4.2.2.); ist letzteres der Fall, präsentiert der poetische Text mangelnden «geschichtlichen Wahrheitsgehalt» und produziert dadurch ein ‹falsches Bewußtsein›. – In der sozialtheoretisch orientierten Literaturbetrachtung sowie Literaturkritik aber ist ästhetische Kritik weitgehend durch Ideologiekritik ersetzt (s. zur Kritik an Christa Bürger: Graf, Günter: Behandlung von Trivialliteratur in Wissenschaft und Didaktik – auch Mode und Ideologie?, in: Zeitnahe Schularbeit, 27. Jahrg., 3 (1974), S. 14). – Siehe allgemein zur Literaturkritik und literarischen Wertung aus marxistischer Sicht: Maren-Grisebach, Manon: Theorie und Praxis literarischer Wertung, München 1974, S. 49ff; Žmegač, Viktor (Hrsg.): Marxistische Literaturkritik, Frankfurt a. M. 1972; Schober, Rita: Zum Problem der literarischen Wertung, in: Bünting/Zimmermann, a.a.O., S. 197–254.

7 s. Schwenke, Olaf (Hrsg.): Kritik der Literaturkritik, Stuttgart 1973.
8 s. Zimmermann, Bernd, a.a.O., S. 39, Anm. 11; s. zum Bereich der journalistischen Literaturkritik: Gumbrecht, Hans-Ulrich: Literaturkritik, München 1973.

Zu 2. Literaturwissenschaftliche Grundlegung

1 Reallexikon der deutschen Literaturgeschichte, 2. Bd., hrsg. von W. Kohlschmidt und W. Mohr, Berlin 1959, S. 63.
2 Kleines literarisches Lexikon, 1. Bd., hrsg. von W. Kayser, 3. Aufl., Bern-München 1961, S. 136.
3 Mecklenburg, Norbert: Kritisches Interpretieren . . ., a.a.O., S. 12f.
4 s. Jauß, Hans Robert: Literaturgeschichte als Provokation der Literaturwissenschaft, 2. Aufl., Konstanz 1969. Dabei muß gesehen werden, daß die Literaturtheorie Jauß', trotz ihres brisanten innovatorischen Effektes, nicht ohne kritische Einschätzung blieb. Für unsere Zusammenhänge bedenkenswert sind Einwände, die auf die Verengung der kunsttheoretischen Perspektive verweisen: wenn nämlich das Kunstwerk betrachtet wird «nur im ‹Daß›, nicht im ‹Was› und ‹Wie› seiner Mitteilung» und die beiden letzteren Aspekte «immer etwas verschämt am Rande als ‹Sinnpotential› . . ., ‹virtuelle Bedeutung›» auftauchen (Kaiser, Gerhard: Überlegungen zu einem Studienplan Germanistik, in: Fragen der Germanistik, Zur Begründung und Organisation des Faches, München 1971, S. 62). Der Jaußsche Entwurf scheint so gesehen auf dem fragwürdigen sowie künstlichen Gegensatz von historischer und ästhetischer Dimension zu beruhen; denn im Kunstwerk ist das Ästhetische historisch und das Historische immer auch ästhetisch vermittelt (s. Kaiser, G., ebd.).
5 s. z. B. Adorno, Theodor W.: Kulturkritik und Gesellschaft, In: ders. Prismen, Kulturkritik und Gesellschaft, München 1963; ders. Résumé über Kulturindustrie, in: ders. Ohne Leitbild. Parva Aesthetica, Frankfurt 1967; Horkheimer, Max/Adorno, Theodor W.: Kulturindustrie. Aufklärung als Massenbetrug, in: dies. Dialektik der Aufklärung, Frankfurt a. M. 1969; Habermas, Jürgen: Arbeit, Erkenntnis, Fortschritt, in: ders. Aufsätze 1954–1970, Amsterdam 1970; Marcuse, Herbert: Über den affirmativen Charakter der Kultur, in: ders. Kultur und Gesellschaft I, Frankfurt a. M. 1965 und ders. Bemerkungen zu einer Neubestimmung der Kultur, in: ders. Kultur und Gesellschaft II, Frankfurt a. M. 1965.
6 Bei einer kritischen Bestandsaufnahme jener neueren Publikationen, die sich dieser Forderung verschrieben haben, stellt man fest, daß, trotz der theoretischen Prämisse der Ablehnung der Dichotomie, im praktischen Wertungsverfahren sich das Zweiklassenschema dann doch wie-

der einschleicht; s. z. B. Waldmann, Günter: Der Trivialroman als literarisches Zeichensystem, Modellanalyse eines Frauenschicksals-Adels-Heftromans, in: Wirkendes Wort, 22. Jahrg., 4 (1972), S. 248–267, S. 264f: «Die Vertextungsform drängt zur Kumulation, um mit den recht abgebrauchten Klischees doch noch möglichst starke Reizwirkungen zu erzielen»; oder Breloer, Heinrich/Zimmer, Rainer: «Kitsch» als Kriterium literarischer Wertung, Überlegungen zur Instrumentalisierung eines beliebten Begriffs der Abqualifizierung, in: Literaturdidaktik, Ansichten und Aufgaben, hrsg. von J. Vogt, Düsseldorf 1972, S. 93–112, S. 98f: «Die Worte . . . kumulieren affektgeladenes semantisches Material, um so dem Leser jede Mühe der Decodierung zu nehmen, ihm billig Gefühl zu vermitteln». – Auch die bewußt gesellschafts- bzw. sozialtheoretisch orientierte Arbeit Christa Bürgers, die sich einem ausschließlich soziologischen Begriff von Wertung und damit Ideologiekritik verpflichtet hat («Den Maßstab für die Wertung literarischer Werke setzt demnach die Frage: Greift das Werk in das Wirklichkeitsverständnis der gesellschaftlich handelnden Individuen ein?», a.a.O., S. 17) kommt dort, wo sie konkret analysiert, nicht ohne Wertung, ja Abwertung aus («Was bei einer Analyse des Sprachmaterials zuerst frappiert, ist die Kunstlosigkeit der Herstellung», a.a.O.; S. 119). – Der Verfasser ist, angesichts der auffälligen Widersprüche zwischen Wertungstheorie und Wertungspraxis, der Auffassung, daß man sich in Theorie und Praxis offen zum Phänomen der Wertung, auch zur ästhetischen, bekennen sollte – selbstverständlich nicht im Sinne des traditionellen Verdikts von ‹Schmutz und Schund› – und dies, sofern es sich um seine Umsetzung in den Literaturunterricht handelt, auch didaktisch thematisiert (s. dazu das Unterrichtskonzept des Verfassers zum Wildwestromanheft: Graf, Günter: Zur Behandlung trivialer Jugendliteratur in der Sekundarstufe I, in: Der Deutschunterricht, 27. Jahr., 5 (1975), S. 53–68, besonders S. 63; und ders. Stundenblätter, Der Wildwestroman, exemplarische Analyse für die 8., 9., 10. Klasse, Ernst Klett Verlag, Stuttgart 1981, besonders Kap. 2.8).

7 Mecklenburg, Norbert: Kritisches Interpretieren . . ., a.a.O., S. 165.

8 Nemec, Friedrich: Literaturkritik in der Literaturwissenschaft . . ., a.a.O., S. 60.

9 Killy, Walther: Deutscher Kitsch, Ein Versuch mit Beispielen, 2. Aufl., Göttingen 1962, S. 9–33.

10 Müller-Seidel, Walter: Probleme der literarischen Wertung. Über die Wissenschaftlichkeit eines unwissenschaftlichen Themas, Stuttgart 1965 (2. Aufl., Stuttgart 1969).

11 Schulte-Sasse, Joachim, a.a.O., besonders S. 50ff.

12 s. Kreuzer, Helmut: Trivialliteratur als Forschungsproblem. Zur

Kritik des deutschen Trivialromans seit der Aufklärung, in: Deutsche Vierteljahrsschrift für Literaturwissenschaft und Geistesgeschichte, 41. Jahrg., 2 (1967), S. 173–191.

13 s. Mecklenburg, Norbert: Kritisches Interpretieren . . ., a.a.O., S. 25.

14 ebd., S. 129: «Kritische Interpretation läßt sich nicht restlos in die systematisch geschlossene Darstellungsform szientifischer Abhandlungen bringen. Ihre Sache verlangt eine ‹offene Form›». Diese theoretische Prämisse bedeutet in ihrer didaktischen Verlängerung, daß der Schüler sich der ‹Offenheit› seiner Wertungsposition bewußt wird und damit die anderer respektiert.

15 ebd., S. 73. Damit ist letztlich ein pluralistisches Wertungsverfahren angesprochen, das wiederum Analysekriterien liefert für die Betrachtung literaturkritischer Beiträge. Zugleich ist indirekt damit auch die Notwendigkeit einer pluralistischen Behandlungsweise von Trivialliteratur gefordert, da ja gerade im Umgang mit ihr Wertungsfragen besonders relevant sind. Es wäre also wissenschaftlich sowie didaktisch paradox, wollte man wieder zurück zur einseitig ästhetisierenden Werkimmanenz und die soziologische sowie historische Methode ausklammern. Allerdings wäre auch ein umgekehrtes Vorgehen, das nur soziologisch und historisch verführe, methodologisch einseitig. (Genau diese Überlegungen haben den Verfasser stimuliert, ein methodisch breit angelegtes Unterrichtsmodell zum Wildwestromanheft zu entwerfen: s. Graf, G., a.a.O.; und Joachim Bark sitzt einem gründlichen Irrtum auf, wenn er glaubt, der Verfasser dieses Modells wolle «die Uhr zurückdrehen»: Bark, Joachim: Der Kreistanz ums Triviale, in: Rücktäschel, Annamaria/Zimmermann, Hans Dieter (Hrsg.), Trivialliteratur, München 1976, S. 10–29, S. 25, Anm. 1).

16 Allerdings wird der Mecklenburgsche Ansatz nicht uneingeschränkt übernommen, da nämlich der Aspekt möglicher ästhetischer Eigengesetzlichkeit nicht nur nicht thematisiert, sondern zudem seltsam in der Schwebe gehalten wird: «Gerade vorgeblich rein innerästhetische Vorgänge *können* (vom Verf.) einen ideologischen Kern enthalten» (a.a.O., S. 116); so gesehen ist Mecklenburgs Begriff der «immanenten Kritik» nicht völlig eindeutig (s. zur kritischen Einschätzung der Mecklenburgschen Wertungstheorie überhaupt: Schulte-Sasse, Jochen: Literarische Wertung, 2. völlig neu bearbeitete Auflage, Stuttgart 1976, S. 184ff). – Die Arbeiten von Horst S. Daemmrich und des «literary criticism» sind für unsere Absicht nicht erkenntnisleitend (Daemmrich, Horst S.: Literaturkritik in Theorie und Praxis, München 1974; z. B. Wellek, René: Grundbegriffe der Literaturkritik, Stuttgart 1963).

Zu 3. Didaktische sowie curriculare Grundlegung

1 s. z. B. Mecklenburg, Norbert: Zur Didaktik der literarischen Wertung, a.a.O., S. 16.
2 s. auch Schemme, Wolfgang: Trivialliteratur . . ., a.a.O., S. 49f.
3 Nemec, Friedrich: Literaturkritik . . ., a.a.O., S. 64.
4 Eine rigide Gleichschaltung von Literatur und gesellschaftlicher Praxis oder Alltagshandlungen verkennt die differenzierten Möglichkeiten der Fiktionalisierung, nämlich Wirklichkeit zu verfremden, zu verfälschen, zu überzeichnen, zu transzendieren u. a. m. So gesehen ist die Adaption einer «grundsätzlichen Ähnlichkeit zwischen der Bewältigung von Alltagsproblemen durch den Alltagshandelnden und der literatursprachlich formulierten Reaktion . . .» literaturtheoretisch zu platt und undifferenziert, als daß sie eine allgemeingültige Prämisse für den Literaturunterricht abgeben könnte (Wellner, Klaus: Überlegungen zu einer handlungstheoretischen Fundierung des Literaturunterrichts, in: Diskussion Deutsch, 33 (1977) S. 38–49); der Rückgriff Wellners auf die Wissenssoziologie («die subjektive Aneignung der Wirklichkeit ist stets die individuelle Verarbeitung bereits gruppenspezifisch interpretierter Welt») und seine daraus gezogene Folgerung, daß «der literarische Produktionsprozeß auf den gleichen Grundlagen wie unsere Alltagshandlungen basiere und die dargestellten Handlungen historischer Personen in der Grundstruktur gleichartig seien», geraten so in die Nähe der kurzschlüssigen Widerspieglungstheorie. Zudem verführt der Theorieansatz Wellners didaktisch dazu, die mögliche Vielfalt literarischer Spielarten für die Unterrichtspraxis in der Weise einzuschränken, daß nur noch nach einer Literatur gesucht wird, die vornehmlich gesellschaftliche Wirklichkeit sowie Alltagshandlungen abschildert. So verwundert es auch gar nicht, daß Wellner als Veranschaulichungsebene die erzählende Literatur wählt und als Beispiel den Gesellschaftsroman Theodor Fontanes, nämlich «Effi Briest», einbringt. Wellners Begründungsversuch einer handlungstheoretischen Fundierung des Literaturunterrichts muß sich die kritische Frage gefallen lassen, wie denn eine Literatur, die der wissenssoziologischen Prämisse nicht so standhält wie der ‹realistische› Roman, hinsichtlich ihrer didaktischen Tauglichkeit einzuschätzen sei (z. B. utopische Literatur, Lyrik des Barock, der Romantik und z. T. auch der Moderne, klassisches Drama, absurdes Drama des 20. Jahrhunderts).
5 s. Nutz, Maximilian: Von der affirmativen zur kritischen Urteilsfähigkeit – Überlegungen zu einer Neukonzeption der Wertungsdidaktik; in: Mecklenburg, Norbert: Zur Didaktik . . ., a.a.O.
6 s. Hopster, Norbert: Literarische Wertung und Didaktik, in: Mecklenburg ebd., S. 110.
7 s. Lindner, Burkhardt: Probleme der literarischen Wertung, in: Grund-

züge der Literatur- und Sprachwissenschaft Bd. 1, München 1973, S. 444–458, 456. So begrüßenswert es einerseits ist, auf dieser wertungstheoretischen Prämisse einen handlungs- und problemorientierten Literaturunterricht zu entwerfen, der, vor allem hinsichtlich der Lektüreauswahl, den Schülerinteressen entgegenkommt und ‹kommunikative Kompetenz› zu vermitteln sucht, so bedenkenswert ist es jedoch andererseits, daß ein erheblicher Prozentsatz literarischer Texte sich unter ausschließlich handlungstheoretisch formulierte Zielvorstellungen nicht subsumieren läßt. Diese Literatur (s. Anm. 4) müßte dann zwangsläufig aus dem Literaturunterricht herausfallen. Es ist aber didaktisch durchaus diskutabel, ob nicht bedeutsame Zielvorstellungen verwirklicht werden könnten auch an einer Literatur, die den Schülerbedürfnissen sowie dem gesellschaftlich-lebenspraktischen Bezug entgegensteht und sich zunächst einer unmittelbaren Rezeption entzieht. Somit müßte ein ausschließlich problemorientierter Unterricht, der Literaturbehandlung eindimensional als ‹gesellschaftliche Problemlösungshilfe› funktionalisiert, relativiert werden (s. zur einseitigen Instrumentalisierung des Literaturunterrichts als Problemlösungshilfe: Kaiser, Michael: Zur Frage der Problemorientierung des Deutschunterrichts, in: Wirkendes Wort, 1 (1978), S. 46–56). Auf diese Weise ist dann der traditionelle Begriff der «Lebenshilfe» als pädagogische Zielvorstellung des Literaturunterrichts wieder eingeführt, nun allerdings nicht mehr unter individualethischer, sondern gesellschaftstheoretischer Optik.

8 Schulreform in Bayern, Bd. 2, Kollegstufe am Gymnasium.

9 NW Sekundarstufe II, Arbeitsmaterial, Berichte Heft 2, II Curricula Gymnasiale Oberstufe Deutsch, 2. Ausg.

10 Allgemeine Lernziele des Lernbereichs Umgang mit Literatur. Mainzer Studienstufe. Vorentwurf Deutsch.

11 Lehrplan Deutsch, Jahrgangstufen 12/13, Grund- und Leistungskurse, Kultusministerium Baden-Württemberg, in: Kultus und Unterricht, 10 (1977), S. 25ff.

Zu 4.1 Friedrich Schillers «Kabale und Liebe» im Spiegel einer Theaterkritik

1 s. dazu: Kritik / von wem / für wen / wie, hrsg. von P. Hamm, Reihe Hanser 12, München 1968; Kritik in unserer Zeit, Literatur-Theater-Musik-Bildende Kunst, von G. Blöcker, F. Luft, H. H. Stuckenschmidt und W. Grohmann, Vorwort von K. Otto, Vandenhoeck-Reihe 100. 2. Aufl., Göttingen 1962; Alfred Kerr, Theaterkritiken, hrsg. von J. Behrens, Reclam 7962/63, Stuttgart 1971 (besonders die Einleitung); Theater im Gespräch, Ein Forum der Dramaturgie, Albert Langer/

Georg Müller-Verlag, München–Wien 1963, S. 389ff; Knudsen, Hans: Methodik der Theaterwissenschaft, Kohlhammer-Verlag, Stuttgart/Berlin/Köln/Mainz 1971, S. 58ff; Kutscher, Artur: Grundriß der Theaterwissenschaft, Desch-Verlag, 2. überarb. Aufl., München 1949, S. 446f und 456f; Knudsen, Hans: Deutsche Theatergeschichte, Kröner-Verlag, 2. erw. Aufl., Stuttgart 1970, S. 404ff; Friedrichs Theaterlexikon von A-Z, hrsg. v. H. Rischbieter, Friedrich-Verlag, Velber 1969.

2 s. Haacke, Wilmont: Handbuch des Feuilletons, 2 Bd., Lechte-Verlag, Emsdetten 1952 (2. Bd., S. 275: «Die Theaterkritik ist ein publizistisches Phänomen geworden, . . . glüht in dem Tiegel der Tagesjournalistik auf . . .»)

3 s. auch Zimmermann, Hans-Dieter: Das Elend der Kritik, in: Projekt Deutschunterricht, Bd. 2, Sozialisation und Manipulation durch Sprache, Analyse nichtliterarischer Texte, Metzler-Verlag, Stuttgart 1972, S. 147–163, S. 147.

4 vgl. dazu die Fernsehsendung: Literaturmagazin (Kritik der Literaturkritik), in: 3. Programm, Südwest 3, Samstag den 22. 2. 1975, 20.15 Uhr.

5 s. Dovifat, Emil: Zeitungslehre, De Gryter-Verlag, 4. neubearbeitete Auflage, 2 Bde., Sammlung Göschen, Berlin 1962, Bd. 1, S. 120.

6 s. Mittelberg, Ekkehart: Sprache in der Boulevardpresse, analysiert im Deutschunterricht vom 10. Schuljahr an, Ernst Klett Verlag, Stuttgart 1970, S. 7.

7 Eine Trennung von ‹wertend› und ‹appellierend› hinsichtlich einer Klassifizierung von Gebrauchstexten, wie sie Belke vorgenommen hat, scheint unter diesem Gesichtspunkt wenig nützlich zu sein (Belke, Horst: Literarische Gebrauchsformen, Bertelsmann Universitätsverlag, Grundstudium Literaturwissenschaft 9, Düsseldorf 1973, S. 105ff).

8 s. Knobloch, Heinz: Vom Wesen des Feuilletons, Verlag Sprache und Literatur, Halle/Saale 1962; Wörterbuch zur Publizistik, hrsg. von K. Koszyk und K. H. Pruys, dtv 3032, München 1973, S. 106ff; s. zum Begriff des «Kulinarischen», den Bertolt Brecht im Hinblick auf die Charakterisierung der Theaterkritiken Alfred Kerrs formuliert: Brecht, Bertolt: Gesammelte Werke, Bd. 18, Schriften zur Literatur und Kunst I, Suhrkamp Verlag, Frankfurt a. M. 1967, S. 97–115.

9 s. z. B. die traditionelle Auffassung Dovifats: «Kunstkritik ist die subjektive, aber sachlich und künstlerische verantwortliche Beurteilung des Kunstwerks, dem der Kritiker verpflichtet ist» (Dovifat, a.a.O., Bd. 2, S. 62); heutige Theaterregisseure würden sich diesem Grundsatz nicht mehr verpflichtet fühlen.

10 Literaturtheoretische Kategorien wie ‹ästhetischer Rest›, ‹Unausdeutbarkeit›, ‹Kontinuum der Reflexion› könnten diese Auffassung abstützen.

11 s. Interview zur Premiere: Ein deutscher Aberwitz, in: Stuttgarter Nachrichten, Donnerstag, 25. Januar 1973 (Der Regisseur Horst Siede zu Schillers «Kabale und Liebe» und zur Inszenierung: «... den Klassenwiderspruch einer untergehenden feudalen Klasse und der aufsteigenden bürgerlichen Klasse. Das ist zwar historisch, aber zugleich heute noch sichtbar. Wir spielen einen Modellfall deutscher Geschichte»).

12 in: Stuttgarter Nachrichten, Feuilleton, Samstag, 27. Januar 1973.

13 s. Mecklenburg, Norbert: Die Rhetorik der Literaturkritik, Ein Gedankengang mit Vorschlägen zur Praxis, in: Drews, Jörg (Hrsg.), Literaturkritik, a.a.O., S. 37.

14 s. zum Aspekt ‹Sprachkritik› (hinsichtlich der Kritiker-Sprache) den interessant-polemischen Aufsatz von Walser, Martin: Tagtraum, daß der Kritiker ein Schriftsteller sei, in: Kritik/von wem, a.a.O., S. 11–14; und zum Aspekt der Problematik des «Maßstabs»: Melchinger, Siegfried: Keine Maßstäbe? Kritik der Kritik, Ein Versuch, Artemis-Verlag, Zürich/Stuttgart 1959 (Schriften zur Zeit, 22).

15 s. Brecht, Bertolt: Gesammelte Werke, Bd. 18, a.a.O., S. 97ff.

16 s. Erken, Günter/Koebner, Thomas: Gattungstheoretische Überlegungen zur Theaterkritik, in: Jahrbuch für internationale Germanistik, 11. Jahrg., 1 (1971), S. 96–105, S. 104.

17 Schiller, Friedrich: Kabale und Liebe, Ein bürgerliches Trauerspiel, Reclam-Verlag, Stuttgart 1960, S. 68.

18 vgl. z. B. Binder, Wolfgang: Schiller, Kabale und Liebe, in: Das deutsche Drama, Vom Barock bis zur Gegenwart, Interpretationen, Bd. I, hrsg. von B. v. Wiese, August Bagel Verlag, Düsseldorf 1960, S. 248–268, insbesondere S. 265 («... so ist Wurm der Teufel schlechthin ... Aber ‹ich habe herzliches Mitleid mit Ihnen› kann in dieser Situation nur Zynismus und Gier bedeuten. ... Wurm kennt sittliche und religiöse Bedenken nicht»); auch neueste Interpretationen zu Schillers «Kabale und Liebe» signalisieren hinsichtlich der Wurm-Figuration nichts anderes: s. Guthke, Karl S.: Kabale und Liebe, in: Hinderer, W. (Hrsg.), Schillers Dramen, Neue Interpretationen, Stuttgart 1979, S. 58–84, S. 72.

19 Schiller, Kabale und Liebe, I, 2.

20 s. Binder, a.a.O., S. 249 u. 490f.

21 Schiller, Friedrich, Die Schaubühne als moralische Anstalt betrachtet, in: Sämtliche Werke, Bd. V, Winkler Verlag München 1970, S. 92–101.

22 s. Interview zur Premiere, a.a.O.

23 s. z. B. Hillebrand, Joseph: Die Deutsche Nationalliteratur im XVIII. und XIX. Jahrhundert, 2. Bd., 3. Aufl., Gotha 1875 (S. 377f: «Was die poetische Behandlung angeht, so steht «Kabale und Liebe» unter den beiden vorhergehenden ... Zunächst muß die poetische Auffassung als eine zu gewöhnliche, um nicht zu sagen, gemeine bezeichnet wer-

den . . . Was dann die Ausführung angeht, so verdirbt eine durchgeführte Überspannung und falsche Empfindsamkeit alle natürliche Wahrheit . . . Die unmotivierte, man möchte sagen, dumme Zurückhaltung, womit sie (Luise) das Unglück herbeiführt, ist vollends dramatisch ganz abgeschmackt.»); s. dagegen Fricke, Gerhard: Geschichte der Deutschen Dichtung, Matthiesen Verlag, Hamburg und Oldenburg 1954 (S. 173: «. . . ein Kampf, in dem ihn die fromm-passive, entsagungsbereite Zaghaftigkeit Luises im entscheidenen Augenblick ebenso allein läßt . . . Wunderbar sind die Gewichte verteilt: Luise vermag die Kraft und Entschlossenheit Ferdinands nicht aufzubringen, und doch wirkt sie zugleich reifer und besonnener, in der Endszene stärker und tapferer als der überfliegende jugendliche Idealismus Ferdinands. . . . Welche Fähigkeit realistischer Gestaltung Schiller besaß, zeigt am eindrucksvollsten die Gestalt des Musikus Müller.»)

24 Fotokopiertes Material ist auf Anforderung hin erhältlich bei den Theaterwissenschaftlichen Lehrstühlen der Universitäten München und Köln. Gesammelte Theaterkritiken liegen vor bei: Kerr, Alfred, a.a.O. Drei verschiedene Theaterkritiken zu einer Frankfurter Kabale und Liebe-Inszenierung sind abgedruckt in: Lesen, Darstellen, Begreifen, A 10, Lese- und Arbeitsbuch für den Literatur- und Sprachunterricht, hrsg. von H. Hebel, Hirschgraben-Verlag, Frankfurt a. M. 1974, S. 31ff.

25 Zur Erarbeitung des Thesenpapiers könnte neben Auszügen aus den Werken der genannten Verfasser (s. Anm. Kap. 1 und 2) die Arbeit von Wermke, Jutta (Hrsg.), Literarische Wertung und ästhetische Kommunikation, Frankfurt a. M. 1975, dienlich sein.

26 So gesehen scheint der Behandlungsvorschlag, der in «Lesen, Darstellen, Begreifen» (a.a.O.) entwickelt wird, verfrüht zu sein; s. zu Arbeitsanweisungen an Beispielen ausgewählter Theaterkritiken für eine Behandlung in der Sekundarstufe II: Habecker, S./Hofmann, A.: Theorie-Texte-Analysen, Das deutschsprachige Theater seit 1945, Ein Arbeitsbuch für die Sekundarstufe II, R. Oldenbourg-Verlag, München 1974.

Zu 4.2 Ernst Wiecherts «Hirtennovelle» in der Optik traditioneller und neuerer Wertungsästhetik

1 s. z. B.: Lehrpläne für die Gymnasien Baden-Württembergs, Esslingen a. N. 1957 (Deutsch, S. 29–45; insbes. S. 41: 9. Schulj.; S. 43: 11. Schulj.; S. 45: 13. Schulj.).

2 Heise, Ursula: Kindergestalten in moderner Dichtung, Hinweise für Privat- und Klassenlektüre, in: Der Deutschunterricht, 11. Jahrg., 6 (1959), S. 94–112, S. 100.

3 s. Reiner, Guido: Ernst-Wiechert-Bibliographie, 1. Teil, 1916–1971, Paris 1972 (im Selbstverlag); ders. Ernst Wiechert im Urteil seiner Zeit, Eine Dokumentation, Literaturkritische Pressestimmen 1922–1975, Paris 1976 (im Selbstverlag). – Aus christlicher Sicht müßte Wiecherts dichterisches Schaffen, vor allem im Hinblick auf seine religiös-moralische Aussageintention, zunächst einmal positiv eingeschätzt werden. Und so verwundert es auch nicht, wenn Wilhelm Grenzmann notiert: «Gleichwohl: das sittliche Grundverhalten, das sich aus einer solchen Weltdeutung ergibt, gleicht dem ‹absurden›, von dem Camus spricht, es verlangt die Verwirklichung einer Humanität gegen das Chaos, die Hervorbringung einer Ordnung in der Mitte der Ordnungslosigkeit. Wiecherts Sehnsucht ist auf die Umgestaltung dieser Welt bedacht, auf Überwindung der Gewalt, Herstellung der Liebe, Sieg der Gerechtigkeit» (Grenzmann, Wilhelm: Ernst Wiechert, Das Leid der Welt, in: ders. Dichtung und Glaube, Probleme und Gestalten der deutschen Gegenwartsliteratur, 5. Aufl., Frankfurt a. M. und Bonn 1964, S. 109–119, S. 110f; 1. Aufl. 1950); diese Wertschätzung hat Grenzmann aber nicht den Blick verstellt für die ästhetischen Schwächen der Wiechertschen Dichtung: «So viel aber ist sicher: das ziellose Wandern, das lebenslange Kreisen um die eigene Mitte verringern Wiecherts Rang. Auf die Dauer wirkt sein Ton larmoyant, schablonenhaft, kraftlos und ist nicht ohne egozentrische Selbstliebe. Seine Fähigkeit des Gestaltens ist ohnehin nicht groß» (ebd., S. 117).

4 Ernst Wiechert, Hirtennovelle, Kurt-Desch-Verlag, Wien-München-Basel 1956, S. 7–10 (erstmals erschienen 1935); 1961 Arche-Verlag Zürich.

5 Pfeiffer, Johannes: Ernst Wiechert, Hirtennovelle, Unechter Legendenstil, in: ders. Wege zur Erzählkunst, Über den Umgang mit dichterischer Prosa, 5. Aufl., Hamburg 1960, S. 124ff (1. Aufl. 1953).

6 Interessant ist die Art und Weise, wie in einem ganz frühen Aufsatz zum Stil der «Hirtennovelle» diese Textstelle positiv gedeutet wird: «Oft stellt sich auch eine kunstvolle Verkettung ein, die die Wirkung des einzelnen Bildes noch erhöht. So heißt es gleich zu Anfang der Novelle von der Riesenfichte, die Michaels Vater erdrückt . . .» (Morgan, Bayard Quincy: Ernst Wiecherts ‹Hirtennovelle›, Versuch einer Stilanalyse, in: The German Quarterly, 4 (1946), S. 274–282, S. 277); s. ferner zur positiven Deutung der «Hirtennovelle»: Richter, Fritz Karl: Ernst Wiecherts «Hirtennovelle» in: Deutsche Beiträge, Zur geistigen Überlieferung, 1 (1947), S. 217–230, bes. S. 219.

7 vgl. Pestalozzi, Karl: Möglichkeiten und Grenzen einer Wissenschaft, in: Fragen der Germanistik, Zur Begründung und Organisation eines Faches, München 1971, S. 85.

8 Pfeiffer, Johannes: a.a.O., S. 128.

9 s. Pfeiffer, Johannes: Wertung, in: ders. Umgang mit Dichtung, Eine

Einführung in das Verständnis des Dichterischen, 9. Aufl., Hamburg 1958.

10 s. zur Kritik an Pfeiffers Wertungstheorie: Schulte-Sasse, Jochen: Literarische Wertung, a.a.O., S. 45f.

11 So gesehen muß auch der Versuch Schulte-Sasses (ebd. besonders S. 50ff) als zu kurzschlüssig angesehen werden, wenn er gegen die «metaphysische» Wertungstheorie der Werkimmanenz eine ausschließlich historisch-gesellschaftlich orientierte Theorie setzt. Mögliche ästhetische Eigengesetzlichkeiten bleiben so unberücksichtigt.

12 s. Schulte-Sasse, ebd., S. 59.

13 Müller-Seidel, Walter: Probleme der literarischen Wertung, a.a.O., S. 138ff.

14 ebd.

15 Mißfeldt, F.-E.: Ernst Wiecherts «Hirtennovelle», in: Zeitschrift für deutsche Bildung, 14 (1938), S. 169–173, S. 169 (zit. bei Mecklenburg, Norbert: Kritisches Interpretieren, a.a.O., S. 182, Anm. 69).

16 Mecklenburg, Norbert: Kritisches Interpretieren, a.a.O., S. 24f und S. 182, Anm. 69.

17 ebd., S. 24f.

18 Ernst Wiechert, Hirtennovelle, S. 105–106.

19 Pfeiffer, Johannes: Wertung, a.a.O., S. 41–67; Müller-Seidel, Walter: Probleme literarischer Wertung, a.a.O.

20 Schulte-Sasse, Jochen: Literarische Wertung, a.a.O.

Zu 4.3 Gerd Gaisers «Schlußball» im kontroversen Spektrum der Literaturkritik

1 s. Kindlers Literaturlexikon, dtv, Bd. 19, München 1974, S. 8511.

2 Gerd Gaiser, Schlußball, Aus den schönen Tagen der Stadt Neu-Spuhl, Fischer-Bücherei, 402, Frankfurt a. M. und Hamburg 1961.

3 Migner, Karl: Gesichtspunkte zur Erarbeitung zeitgenössischer Romane in Oberprima, in: Der Deutschunterricht, 14. Jahrg., 1 (1962), S. 92–107, S. 105ff.

4 Die von Migner vorgetragene Einzelkritik («so ergibt sich der Eindruck, daß das neben der Konzentrierung auf einen Mittelpunkt vorherrschende Kompositionsprinzip aus beliebigem Hinsprechen besteht . . ., ebd. S. 106) ist nur beiläufig zu nennen und trifft vor allem nicht die entscheidende ästhetische Schwäche des Romans, nämlich die aufgesetzte Perspektivtechnik.

5 Stutz, Elfriede: Über die Sprache Gerd Gaisers, in: Der Deutschunterricht, 15. Jahrg., 3 (1963), S. 70–82, S. 73 u. 82.

6 Horst, Karl August: Kritischer Führer durch die deutsche Literatur der Gegenwart, Roman-Lyrik-Essay, München 1962, S. 183ff, S. 183.

7 Bienek, Horst: Werkstattgespräche mit Schriftstellern, München 1962, S. 208 ff, S. 212.
8 ebd.
9 s. zum positiven Zusammenhang von Gaisers Malerbegabung und seiner Schriftstellerei: Goes, Albrecht: Fast ein Testament, Summe eines Lebens: Gerd Gaiser «Ortskunde», in: Stuttgarter Zeitung, Mai 1976.
10 Jens, Walter: Gegen die Überschätzung Gerd Gaisers, in: Mayer, Hans (Hrsg.), Deutsche Literaturkritik der Gegenwart, 1933–1968, Stuttgart 1972, S. 75–81, S. 77 f u. 79 f (interessante Vielfalt an literaturkritischen Beiträgen in Mayers Sammlungen, vor allem auch didaktisch brauchbar; s. neben den Sammlungen von Mayer noch: Hering, Gerhard F., (Hrsg.): Meister der deutschen Kritik, 2 Bände, 1730–1830 und 1830–1890, dtv, München 1961 (wichtige Sammlung von historischen Literaturkritiken).
11 Gerd Gaiser, Schlußball, a.a.O., S. 7.
12 s. Iser, Wolfgang: Die Appellstruktur der Texte, Unbestimmtheit als Wirkungsbedingung literarischer Prosa, 4. Aufl., Konstanz 1974.
13 s. Kindlers Literaturlexikon, a.a.O.
14 s. Killy, Walther: Versuch über den Kitsch, a.a.O.
15 Hohoff, Kurt: Gerd Gaiser, Werk und Gestalt, München 1962, S. 33.
16 Reich-Ranicki, Marcel: Der Fall Gerd Gaiser, in: ders. Deutsche Literatur in West und Ost, Stuttgart 1963, S. 76.
17 vgl. die kritische Bemerkung aus Kindlers Literaturlexikon, a.a.O.: «Die Betrachtungen, die sie (die Figuren des «Schlußball») anstellen, ruhen auf ungeprüften Prämissen und verlieren sich in schlichter Erbaulichkeit. Auf eine rationale Auseinandersetzung mit der Zeit wird verzichtet. . . . Das soll den Rückzug in eine sentimentale Resignation rechtfertigen. Mit der anspruchslosen Bewußtseinsstufe . . .».
18 von Heiseler, Bernt: Zu Gerd Gaisers «Schlußball», in: Die Sammlung, 14. Jahrg., 1959, S. 48–51, S. 49.
19 Gerd Gaiser, Schlußball, S. 17 f.
20 Bienek, Horst, Werkstattgespräche, a.a.O.
21 Horst, Karl August: Kritischer Führer, a.a.O., S. 183.
22 s. Muschg, Walter: Zerschwatzte Dichtung, in: ders., Die Zerstörung der Deutschen Literatur, München o. J., S. 172 ff.
23 ebd.
24 von Heiseler, Bernt: Zu Gerd Gaisers «Schlußball», a.a.O., S. 48.
25 ebd., S. 48 ff.
26 ebd.
27 Reich-Ranicki, Marcel: Deutsche Literatur . . ., a.a.O., S. 79 f.
28 Kreuzer, Helmut: Auf Gaisers Wegen, Korrektur eines Bildes, in: Frankfurter Hefte, 15. Jahrg., 1960, S. 128–134, S. 132 f; vgl. auch Deschners kritische Einschätzung: Deschner, Karlheinz: Talente –

Dichter – Dilettanten, überschätzte und unterschätzte Werke in der deutschen Literatur der Gegenwart, Wiesbaden 1964, S. 49ff.

29 Auch daraus ersieht man, daß ein radikaler Kahlschlag gegen die traditionelle Wertungsästhetik, wie sie Schulte-Sasse (a.a.O.) vorgenommen hat, letztlich wertungstheoretisch sowie wertungspraktisch problematisch ist.

30 Müller-Seidel, Walter: Probleme der literarischen Wertung, a.a.O.

31 Bienek, Horst: Werkstattgespräche, a.a.O.

32 Jens, Walter: Gegen die Überschätzung . . ., a.a.O., S. 75f.

33 Bienek, Horst: a.a.O.

34 Gerd Gaiser, Schlußball, S. 142.

35 Reich-Ranicki, Marcel: Deutsche Literatur . . ., a.a.O., S. 76.

36 vgl. dazu Kaiser, Erich/Pilz, Georg: Lernziel: Wertungskompetenz, Ein Unterrichtsversuch mit Ulrich Plenzdorfs ‹Die neuen Leiden des jungen W.›, in: Der Deutschunterricht, 31. Jahrg., 4 (1979), S. 82–93, S. 92; allerdings scheint die in einer 10. Realschulklasse durchgeführte Unterrichtseinheit entschieden verfrüht zu sein, denn ohne Vermittlung einiger grundlegender wertungstheoretischer Kenntnisse – die Verfasser glauben, gerade diese umgehen zu sollen (s. S. 83) – ist eine Unterrichtssequenz zur Wertung auf dem Hintergrund literaturkritischer Texte problematisch; so gesehen sollte sie erst in der Sekundarstufe II angesetzt werden. Überhaupt sind die für dieses Unterrichtsmodell herangezogenen Texte viel zu schwierig, vor allem auch hinsichtlich des auf Schülerseite vorauszusetzenden Vorwissens; die Verfasser müssen dies zugeben (s. S. 89) und signalisieren damit unfreiwillig selbst das Problem der Verfrühung.

Literaturverzeichnis

I. Zu Literaturwissenschaft und Literaturkritik

Adorno, Theodor W.: «Kulturkritik und Gesellschaft», in: ders. *Prismen, Kulturkritik und Gesellschaft,* München 1963.

– «Resumee über Kulturindustrie», in: ders. *Ohne Leitbild. Parva Ästetica,* Frankfurt 1967.

Belke, Horst: *Literarische Gebrauchsformen,* Düsseldorf 1973.

Bienek, Horst: *Werkstattgespräche mit Schriftstellern,* München 1962.

Binder, Wolfgang: «Schiller, Kabale und Liebe», in: *Das deutsche Drama, vom Barock bis zur Gegenwart, Interpretationen,* Bd. I, hrsg. von B. v. Wiese, Düsseldorf 1960, S. 248–268.

Brecht, Bertolt: *Gesammelte Werke,* Bd. 18, Schriften zur Literatur und Kunst I, Frankfurt a. M., 1967.

Bürger, Christa: *Textanalyse als Ideologiekritik, Zur Rezeption zeitgenössischer Unterhaltungsliteratur,* Frankfurt 1973.

Daemmrich, Horst S.: *Literaturkritik in Theorie und Praxis,* München 1974.

Deschner, Karlheinz: *Talente – Dichter – Dilettanten, überschätzte und unterschätzte Werke der deutschen Literatur der Gegenwart,* Wiesbaden 1964 (über Gaisers Schlußball, S. 49ff).

Dovifat, Emil: *Zeitungslehre*, 2 Bde. 4. Aufl., Berlin 1962.

Erken, Günter/Koebner, Thomas: «Gattungstheoretische Überlegungen zur Theaterkritik», in: *Jahrbuch für internationale Germanistik,* 11. Jahr., 1 (1971), S. 96–105.

Fetzer, Günter/Schönert, Jörg: «Zur Trivialliteraturforschung 1964/76», in: *Internationales Archiv für Sozialgeschichte der Literatur,* 2 (1977), S. 1–59.

Friedrichs Theaterlexikon von A–Z, hrsg. von H. Rischbieter, Velber 1969.

Grenzmann, Wilhelm: «Ernst Wiechert, Das Leid der Welt», in: ders. *Dichtung und Glaube, Probleme und Gestalten der deutschen Gegenwartsliteratur,* 5. Aufl., Frankfurt a. M./Bonn 1964, S. 109–119.

Gumbrecht, Hans-Ulrich: *Literaturkritik,* München 1973.

Guthke, Karl S.: «Kabale und Liebe», in: Hinderer, W. (Hrsg.), *Schillers Dramen, Neue Interpretationen,* Stuttgart 1979, S. 58–84.

Haacke, Wilmont: *Handbuch des Feuilletons,* 2 Bde., Emsdetten 1952.

Habermas, Jürgen: «Arbeit, Erkenntnis, Fortschritt», in: ders. *Aufsätze 1954–1970,* Amsterdam 1970.

von Heiseler, Bernt: «Zu Gaisers ‹Schlußball›», in: *Die Sammlung,* 14. Jahrg., (1959), S. 48–51.

Hering, Gerhard F. (Hrsg.): *Meister der deutschen Kritik,* 2 Bde., 1730–1830 und 1830–1890, München 1961.

Hinderer, Walter: *Elemente der Literaturkritik, Acht Versuche*, Kronberg/Ts 1976.
Hohoff, Curt: *Gerd Gaiser, Werk und Gestalt*, München 1962.
Horkheimer, Max/Adorno, Theodor W.: «Kulturindustrie. Aufklärung als Massenbetrug», in: dies. *Dialektik der Aufklärung,* Frankfurt a. M. 1969.
Horst, Karl August: «Gerd Gaiser», in: ders. *Kritischer Führer durch die deutsche Literatur der Gegenwart,* Roman-Lyrik-Essay, München 1962, S. 183ff.
Iser, Wolfgang: *Die Appellstruktur der Texte, Unbestimmtheit als Wirkungsbedingung literarischer Prosa*, 4. Aufl., Konstanz 1974.
Jauß, Hans Robert: *Literaturgeschichte als Provokation der Literaturwissenschaft,* 2. Aufl., Konstanz 1969.
Jens, Walter: «Gegen die Überschätzung Gerd Gaisers», in: Mayer, Hans (Hrsg.), *Deutsche Literaturkritik der Gegenwart, 1933–1968,* Stuttgart 1972, S. 75–81.
Kaiser, Gerhard: «Überlegungen zu einem Studienplan Germanistik», in: *Fragen der Germanistik, Zur Begründung und Organisation des Faches,* München 1971.
Kerr, Alfred: *Theaterkritiken,* hrsg. von J. Behrens, Stuttgart 1971.
Killy, Walther: *Deutscher Kitsch, Ein Versuch mit Beispielen,* 2. Aufl., Göttingen 1962.
Kindlers Literaturlexikon, dtv, Bd. 19, München 1974.
Klein, Ulrich: «Hermann Hesses ‹Glasperlenspiel› bei Rezensienten 1945–1949», in: *Der Deutschunterricht*, 29. Jahrg., 2 (1977), S. 157–169.
Kleines literarisches Lexikon, hrsg. von Kayser, W., 1. Bd., 3. Aufl., Bern–München 1961.
Knobloch, Heinz: *Vom Wesen des Feuilletons*, Halle/Saale 1962.
Knudsen, Hans: *Methodik der Theaterwissenschaft,* Stuttgart/Berlin/Köln/Mainz 1971.
– *Deutsche Theatergeschichte,* 2. Aufl., Stuttgart 1970.
Kreuzer, Helmut: «Auf Gaisers Wegen, Korrektur eines Bildes», in: *Frankfurter Hefte,* 15. Jahrg. (1960), S. 128–134.
– «Trivialliteratur als Forschungsproblem, Zur Kritik des deutschen Trivialromans seit der Aufklärung», in: *Deutsche Vierteljahresschrift für Literaturwissenschaft und Geistesgeschichte,* 41. Jahrg., 2 (1967), S. 173–191.
Kritik in unserer Zeit, Literatur – Theater – Musik – Bildende Kunst, von G. Blöcker, F. Luft, H. H. Stuckenschmidt, Göttingen 1962.
Kritik/von wem/für wen/wie, Eine Selbstdarstellung der Kritik, hrsg. von P. Hamm, München 1968.
Kutscher, Arthur: *Grundriß der Theaterwissenschaft,* 2. Aufl., München 1949.
Lindner, Burkhardt: «Probleme der literarischen Wertung», in: *Grund-*

züge der Literatur- und Sprachwissenschaft, Bd. 1, München 1973, S. 444–458.
Literatur und Kritik, hrsg. von G. Fritsch u. a., Salzburg 1966ff.
Marcuse, Herbert: «Über den affirmativen Charakter der Kultur», in: ders. *Kultur und Gesellschaft* I, Frankfurt a. M. 1965.
– «Bemerkungen zu einer Neubestimmung der Kultur», in: ders. *Kultur und Gesellschaft* II, Frankfurt a. M. 1965.
Maren-Grisebach, Manon: *Theorie und Praxis literarischer Wertung*, München 1974.
Mayer, Hans (Hrsg.): *Meisterwerke deutscher Literaturkritik*, Berlin 1956.
– (Hrsg.): *Deutsche Literaturkritik im 20. Jahrhundert*, Stuttgart 1965.
– (Hrsg.): *Deutsche Literaturkritik der Gegenwart, 1933–1968*, Stuttgart 1972.
Mecklenburg, Norbert: «Die Rhetorik der Literaturkritik, Ein Gedankengang mit Vorschlägen zur Praxis», in: Drews, J. (Hrsg.), *Literaturkritik – Medienkritik*, Heidelberg 1977, S. 34ff.
– *Kritisches Interpretieren, Untersuchungen zur Theorie der Literaturkritik*, München 1972.
– *Literarische Wertung, Texte zur Entwicklung der Wertungsdiskussion in der Literaturwissenschaft*, Tübingen 1977.
Melchinger, Siegfried: *Keine Maßstäbe? Kritik der Kritik, Ein Versuch*, Zürich/Stuttgart 1959.
Mißfeldt, F.-E.: «Ernst Wiecherts ‹Hirtennovelle›, in: *Zeitschrift für deutsche Bildung*, 14 (1938), S. 169–173.
Morgan, Bayard Quincy: «Ernst Wiecherts ‹Hirtennovelle›, Versuch einer Stilanalyse», in: *The German Quarterly*, 4 (1946), S. 274–282.
Müller-Seidel, Walter: *Probleme der literarischen Wertung, Über die Wissenschaftlichkeit eines unwissenschaftlichen Themas*, Stuttgart 1965 (2. Aufl., Stuttgart 1969).
Muschg, Walter: «Zerschwatzte Dichtung», in: ders. *Die Zerstörung der Deutschen Literatur*, München o. J., S. 172ff.
Nemec, Friedrich: «Literaturkritik in der Literaturwissenschaft, Das Problem der literarischen Wertung», in: Drews, J. (Hrsg.), *Literaturkritik – Medienkritik*, Heidelberg 1977, S. 49–67.
Pestalozzi, Karl: «Möglichkeiten und Grenzen einer Wissenschaft», in: *Fragen der Germanistik, Zur Begründung und Organisation des Faches*, München 1971.
Pfeiffer, Johannes: «Ernst Wiechert, Unechter Legendenstil», in: ders. *Wege zur Erzählkunst, Über den Umgang mit dichterischer Prosa*, 5. Aufl., Hamburg 1960, S. 124ff.
– «Wertung», in: ders. *Umgang mit Dichtung, Eine Einführung in das Verständnis des Dichterischen*, 9. Aufl., Hamburg 1958.
Reallexikon der deutschen Literaturgeschichte, 2. Bde., hrsg. von Kohlschmidt, W. und Mohr, W., Berlin 1959.

Reiner, Guido: *Ernst-Wiechert-Bibliographie*, 1. Teil, 1916–1971, Paris 1972.
– *Ernst Wiechert im Urteil seiner Zeit, Eine Dokumentation, Literaturkritische Pressestimmmen 1922–1975,* Paris 1976.
Reich-Ranicki, Marcel: «Der Fall Gerd Gaiser», in: ders. *Deutsche Literatur in Ost und West,* Stuttgart 1963.
Richter, Fritz Karl: «Ernst Wiecherts ‹Hirtennovelle›», in: *Deutsche Beiträge, Zur geistigen Überlieferung,* 1 (1947), S. 217–230.
Schneider, Peter: «Die Mängel der gegenwärtigen Literaturkritik», in: *Neue deutsche Hefte,* 107 (1965), S. 98–123.
Schober, Rita: «Zum Problem der literarischen Wertung», in: Bünting, R./Zimmermann, B. (Hrsg.): *Theorie – Literatur – Praxis,* Frankfurt a. M. 1975, S. 197–254.
Schulte-Sasse, Jochen, *Literarische Wertung,* Stuttgart 1971 (2. erw. Aufl., Stuttgart 1976).
Schwenke, Olaf (Hrsg.): *Kritik der Literaturkritik,* Stuttgart 1973.
Theater im Gespräch, Ein Forum der Dramaturgie, München–Wien 1963.
Waldmann, Günter: «Der Trivialroman als literarisches Zeichensystem, Modellanalyse, eines Frauenschicksals-, Adels-, Heftromans», in: *Wirkendes Wort,* 22. Jahrg., 4 (1972), S. 248–267.
Walser, Martin: «Tagtraum, daß der Kritiker ein Schriftsteller sei», in: *Kritik/von wem/für wen/wie, Eine Selbstdarstellung der Kritik,* hrsg. von P. Hamm, München 1968, S. 11–14.
Wellek, René: *Grundbegriffe der Literaturkritik,* Stuttgart 1963.
Wörterbuch der Publizistik, hrsg. von K. Koszyk u. K. H. Prys, München 1973.
Zimmermann, Bernd: «Literaturkritik und literarische Wertung», in: Bünting, R./Zimmermann, B. (Hrsg.): *Theorie – Literatur – Praxis,* Frankfurt a. M. 1975, S. 31–40.
Žmegač, Viktor (Hrsg.): *Marxistische Literaturkritik,* Frankfurt a. M. 1972.

II. Zu Literaturdidaktik und Literaturunterricht

Bark, Joachim: «Der Kreistanz ums Triviale, Probleme der Forschung und des Unterrichts», in: Rücktäschel, H./Zimmermann, H. D. (Hrsg.), Trivialliteratur, München 1976, S. 10–29.
Beisbart, Ortwin: *Möglichkeiten literaturdidaktischer Entscheidungen.* Kritische Untersuchungen zum Problem der literarischen Wertung in der Literaturdidaktik, Frankfurt a. M. 1975.
Breloer, Heinrich/Zimmer, Rainer: «‹Kitsch› als Kriterium literarischer Wertung, Überlegungen zu einer Instrumentalisierung eines beliebten

Begriffs der Abqualifizierung», in: Vogt, J. (Hrsg.): *Literaturdidaktik, Ansichten und Aufgaben,* Düsseldorf 1972, S. 93–112.

Denk, Rudolf: «Der wertende Schüler, Probleme und Möglichkeiten einer rezipientenorientierten Wertungsdidaktik», Kronberg/Ts 1976.

Domagalski, Peter/Schickl, Hubert: *Trivialliteratur, Aspekte und Probleme, Textbücher Deutsch,* Freiburg 1976.

Graf, Günter: «Behandlung von Trivialliteratur in Wissenschaft und Didaktik – auch Mode und Ideologie?», in: *Zeitnahe Schularbeit,* 27. Jahrg., 3 (1974).

– «Zur Behandlung trivialer Jugendliteratur in der Sekundarstufe I, Beschreibung eines Unterrichtsmodells über das Wildwestromanheft in der 10. Klasse», in: *Der Deutschunterricht,* 27. Jahrg., 5 (1975), S. 53–68.

– *Stundenblätter, Der Wildwestroman, Exemplarische Analyse für die 8., 9., 10. Klasse, Stuttgart 1981.*

Habecker, S./Hoffmann, A.: Theorie – Texte – Analysen, das deutschsprachige Theater seit 1945, Ein Arbeitsbuch für die Sekundarstufe II, München 1974.

Heise, Ursula: «Kindergestalten in moderner Dichtung, Hinweise für Privat- und Klassenlektüre«, in: *Der Deutschunterricht,* 11. Jahrg., 6 (1959), S. 94–112.

Hoppe, Otfried: «Applikation und Explikation, Zur Didaktik des kritischen Verstehens», in: Mecklenburg, N. (Hrsg.): *Zur Didaktik der literarischen Wertung,* Frankfurt a. M. 1975.

Hopster, Norbert: «Literarische Wertung und Didaktik», in: Mecklenburg N. (Hrsg.): *Zur Didaktik der literarischen Wertung,* Frankfurt a. M. 1975.

Kaiser, Erich/Pilz, Georg: «Lernziel ‹Wertungskompetenz›, Ein Unterrichtsversuch mit Ulrich Plenzdorfs ‹Die neuen Leiden des jungen W.›», in: *Der Deutschunterricht,* 31. Jahrg., 4 (1979), S. 82–93.

Kaiser, Michael: «Zur Frage der Problemorientierung des Deutschunterrichts», in: *Wirkendes Wort,* 1 (1978), S. 46–56.

«Lehrplan Deutsch, Jahrgangsstufen 12/13, Grund- und Leistungskurse, Kultusministerium Baden-Württemberg», in: *Kultus und Unterricht,* 10 (1977), S. 25ff.

Lehrpläne für die Gymnasien Baden-Württembergs, Eßlingen a. N. 1957.

Lesen, Darstellen, Begreifen, A 10, Lese- und Arbeitsbuch für den Literatur- und Sprachunterricht, hrsg. von P. Hebel, Frankfurt a. M. 1974.

Mecklenburg, Norbert (Hrsg.): *Zur Didaktik der literarischen Wertung,* Frankfurt a. M. 1975.

Migner, Karl: «Gesichtspunkte zur Erarbeitung zeitgenössischer Romane in Oberprima», in: *Der Deutschunterricht,* 14. Jahrg., 1 (1962), S. 92–107.

Mittelberg, Ekkehart: *Sprache in der Boulevardpresse, analysiert im Deutschunterricht vom 10. Schuljahr an,* Stuttgart 1970.

Nutz, Maximilian: «Von der affirmativen zur kritischen Urteilsfähigkeit – Überlegungen zu einer Neukonzeption der Wertungsdidaktik», in: Mecklenburg, N. (Hrsg.), *Zur Didaktik der literarischen Wertung,* Frankfurt a. M. 1975.

Pilz, Georg/Kaiser, Erich (Hrsg.): *Literarische Wertung und Wertungsdidaktik,* Kronberg/Ts 1976.

Schemme, Wolfgang: *Trivialliteratur und literarische Wertung, Einführung in Methoden und Ergebnisse der Forschung aus didaktischer Sicht,* Stuttgart 1975.

Stutz, Elfriede: «Über die Sprache Gerd Gaisers», in: *Der Deutschunterricht,* 15. Jahrg., 3 (1963), S. 70–82.

Wellner, Klaus: «Überlegungen zu einer handlungstheoretischen Fundierung des Literaturunterrichts», in: *Diskussion Deutsch,* 33 (1977), S. 38–49.

Wermke, Jutta (Hrsg.): *Literarische Wertung und ästhetische Kommunikation,* Frankfurt a. M. 1975.

Zimmermann, Hans-Dieter: «Das Elend der Kritik», in: *Projekt Deutschunterricht,* Bd. 2, Sozialisation und Manipulation durch Sprache, Analyse nichtliterarischer Texte, Stuttgart 1972, S. 147–163.